LÉONARD

LÉONARD 40

TRÉSOR DE GÉNIE

turk & de groot

COULEURS : KAËL

LE LOMBARD
BRUXELLES

RETROUVE AUSSI
LÉONARD
SUR
canal J

REJOINS L'UNIVERS
DE LÉONARD SUR
LEONARDLEGENIE.COM
DES JEUX, DES GOODIES
ET TOUT UN TAS
D'INFOS EXCLUSIVES !

Première édition

D/2010/0086/134
ISBN 978-2-8036-2683-0

Dépôt légal : mars 2010
Imprimé en Belgique par Proost

LES ÉDITIONS DU LOMBARD
7, AVENUE PAUL-HENRI SPAAK
1060 BRUXELLES - BELGIQUE

WWW.LELOMBARD.COM

Un trésor de génie

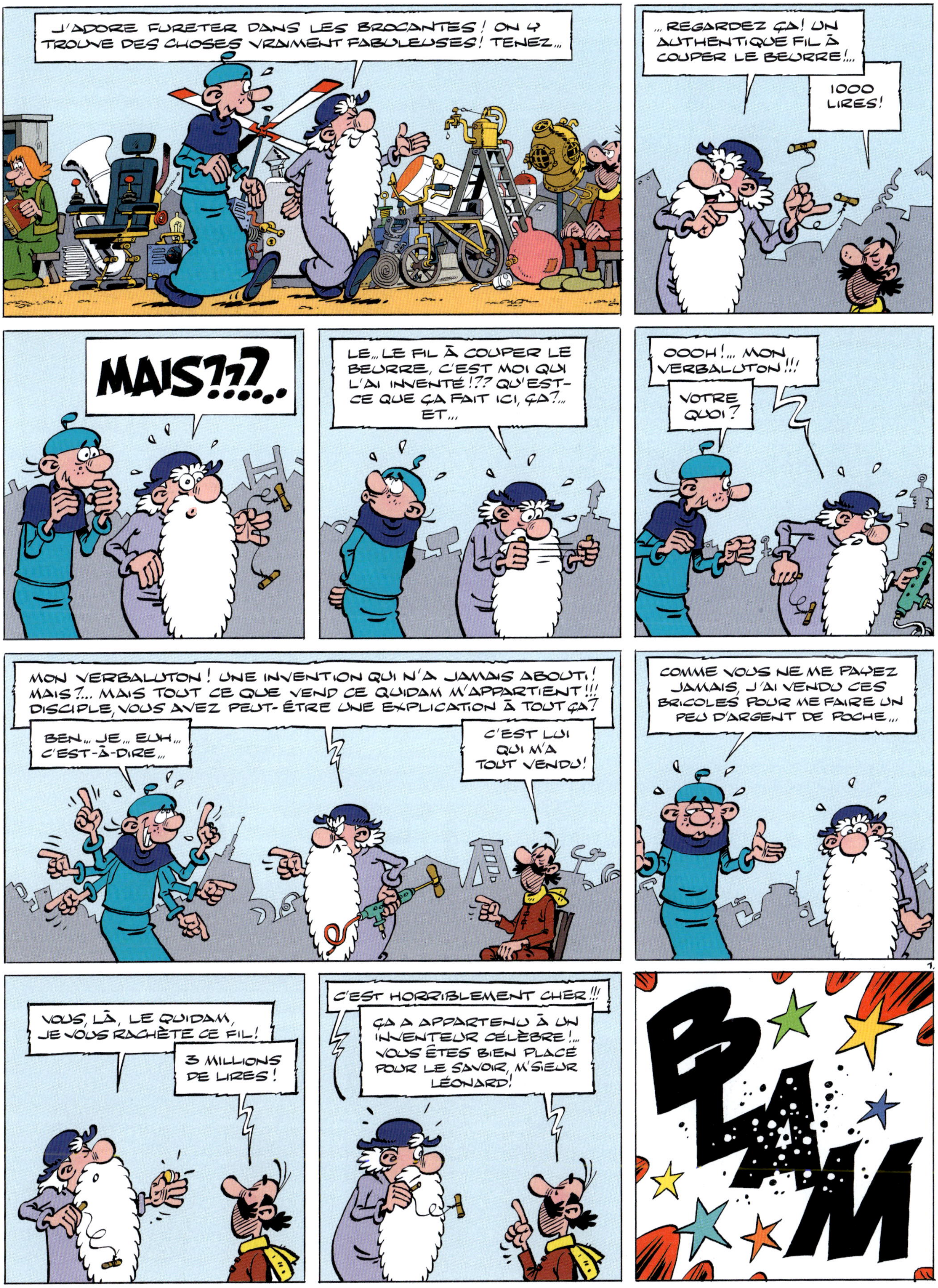

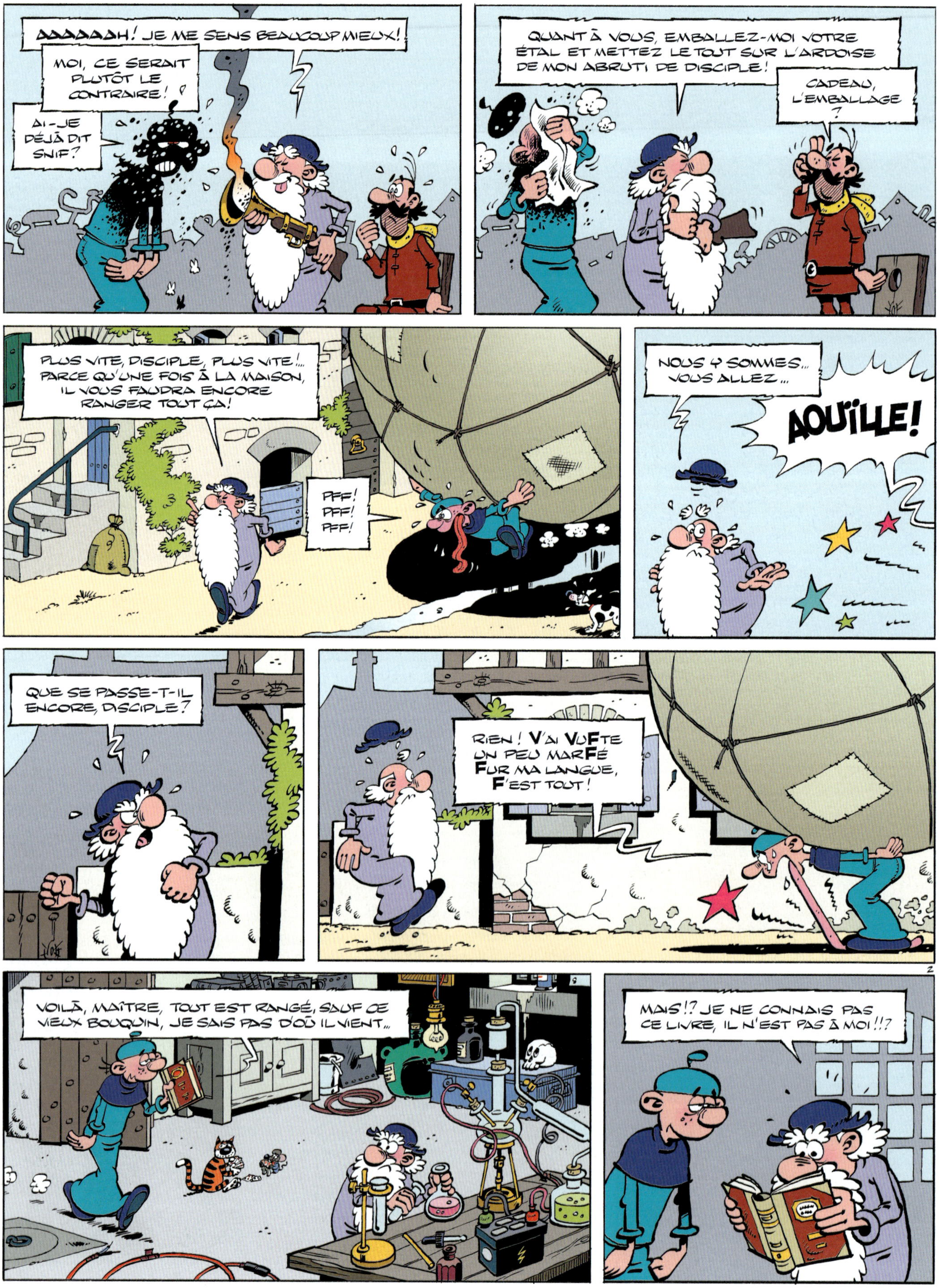
AAAAAAH! JE ME SENS BEAUCOUP MIEUX!
MOI, CE SERAIT PLUTÔT LE CONTRAIRE!
AI-JE DÉJÀ DIT SNIF?
QUANT À VOUS, EMBALLEZ-MOI VOTRE ÉTAL ET METTEZ LE TOUT SUR L'ARDOISE DE MON ABRUTI DE DISCIPLE!
CADEAU, L'EMBALLAGE?
PLUS VITE, DISCIPLE, PLUS VITE!... PARCE QU'UNE FOIS À LA MAISON, IL VOUS FAUDRA ENCORE RANGER TOUT ÇA!
PFF! PFF! PFF!
NOUS Y SOMMES... VOUS ALLEZ...
AOUILLE!
QUE SE PASSE-T-IL ENCORE, DISCIPLE?
RIEN! V'AI VUFTE UN PEU MARFÉ FUR MA LANGUE, F'EST TOUT!
VOILÀ, MAÎTRE, TOUT EST RANGÉ, SAUF CE VIEUX BOUQUIN, JE SAIS PAS D'OÙ IL VIENT...
MAIS!? JE NE CONNAIS PAS CE LIVRE, IL N'EST PAS À MOI!!?

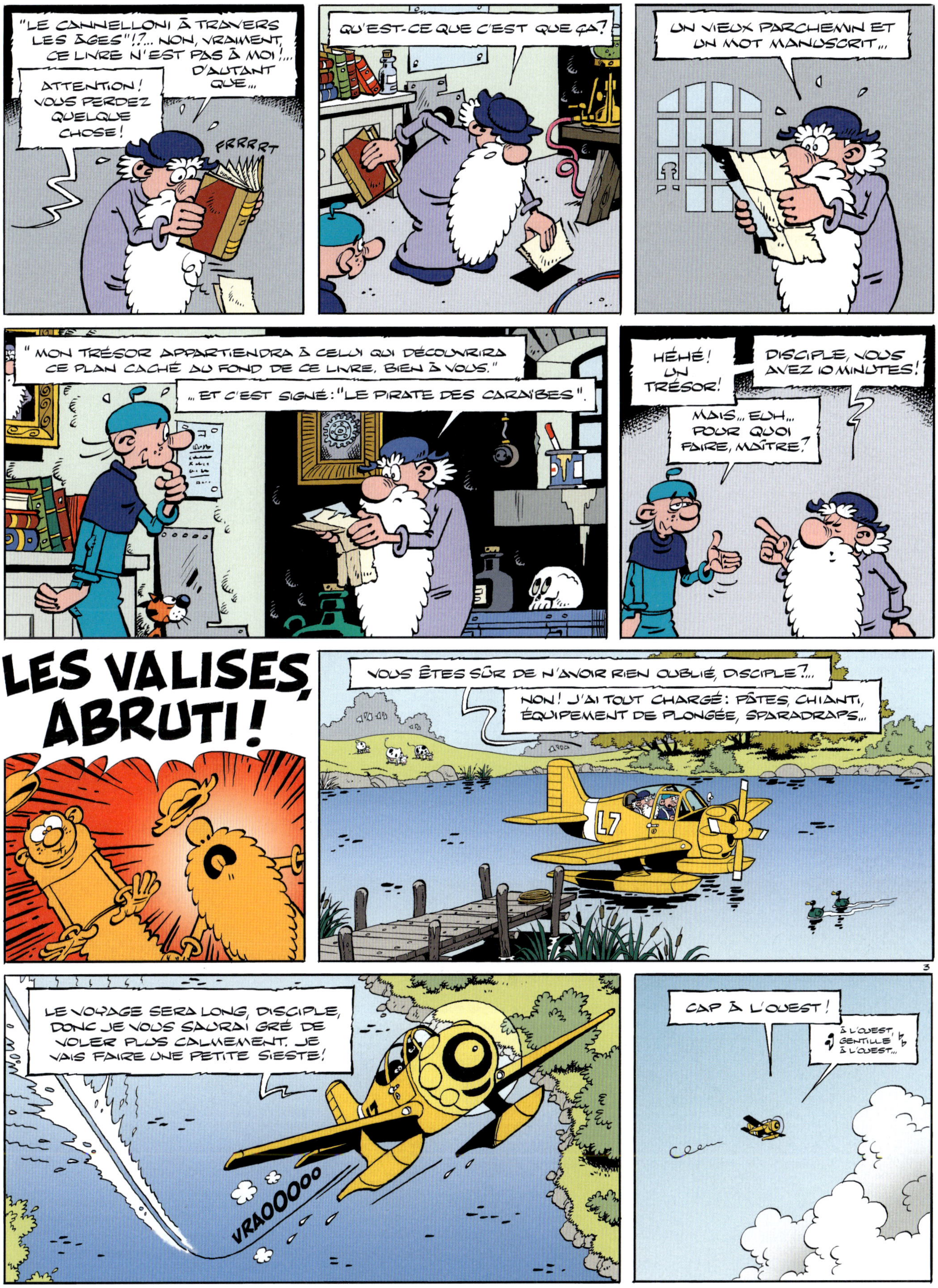
"LE CANNELLONI À TRAVERS LES ÂGES"!?... NON, VRAIMENT, CE LIVRE N'EST PAS À MOI !... D'AUTANT QUE...
ATTENTION ! VOUS PERDEZ QUELQUE CHOSE !
FRRRRRT
QU'EST-CE QUE C'EST QUE ÇA ?
UN VIEUX PARCHEMIN ET UN MOT MANUSCRIT...
" MON TRÉSOR APPARTIENDRA À CELUI QUI DÉCOUVRIRA CE PLAN CACHÉ AU FOND DE CE LIVRE. BIEN À VOUS."
... ET C'EST SIGNÉ : "LE PIRATE DES CARAÏBES".
HÉHÉ ! UN TRÉSOR !
DISCIPLE, VOUS AVEZ 10 MINUTES !
MAIS... EUH... POUR QUOI FAIRE, MAÎTRE ?
LES VALISES, ABRUTI !
VOUS ÊTES SÛR DE N'AVOIR RIEN OUBLIÉ, DISCIPLE ?...
NON ! J'AI TOUT CHARGÉ : PÂTES, CHIANTI, ÉQUIPEMENT DE PLONGÉE, SPARADRAPS...
L7
LE VOYAGE SERA LONG, DISCIPLE, DONC JE VOUS SAURAI GRÉ DE VOLER PLUS CALMEMENT. JE VAIS FAIRE UNE PETITE SIESTE !
VRAOOOOO
CAP À L'OUEST !
À L'OUEST, GENTILLE À L'OUEST...

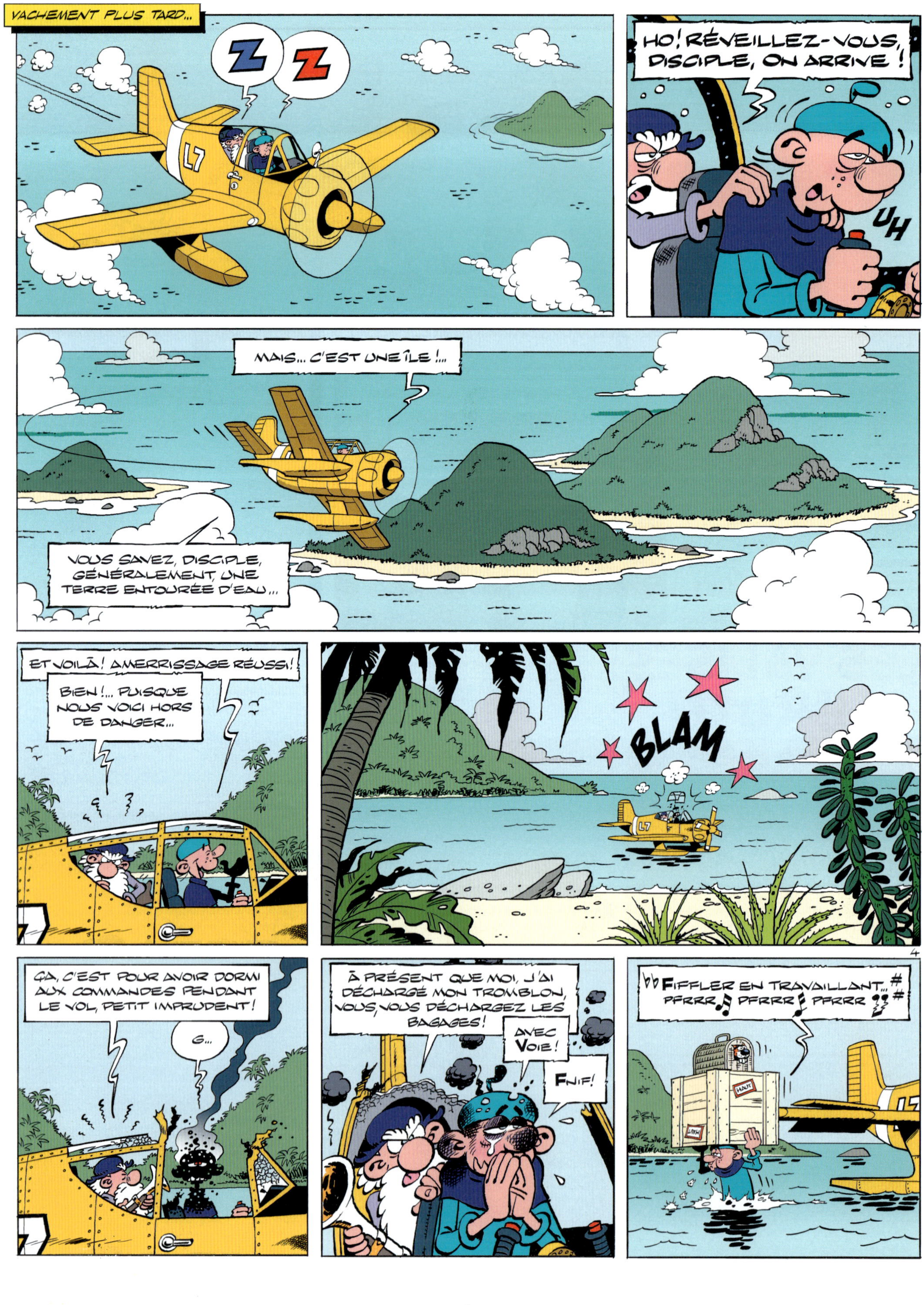
VACHEMENT PLUS TARD...
HO! RÉVEILLEZ-VOUS, DISCIPLE, ON ARRIVE !
UH
MAIS... C'EST UNE ÎLE !...
VOUS SAVEZ, DISCIPLE, GÉNÉRALEMENT, UNE TERRE ENTOURÉE D'EAU...
ET VOILÀ! AMERRISSAGE RÉUSSI!
BIEN !... PUISQUE NOUS VOICI HORS DE DANGER...
BLAM
ÇA, C'EST POUR AVOIR DORMI AUX COMMANDES PENDANT LE VOL, PETIT IMPRUDENT !
G...
À PRÉSENT QUE MOI, J'AI DÉCHARGÉ MON TROMBLON, VOUS, VOUS DÉCHARGEZ LES BAGAGES !
AVEC VOIE !
FNIF !
FIFFLER EN TRAVAILLANT... PFRRR PFRRR PFRRR
L7

INSTALLEZ-NOUS DONC UN PETIT CAMPEMENT DE FORTUNE PENDANT QUE JE VAIS MÉDITER QUELQUE PEU AU BORD DE LA MER TURQUOISE...
C'EST TOUJOURS LES MÊMES QUI S'Y COLLENT, ALORS ?...
BLAM
FI ON PEUT PLUS DIFCUTER !...
PRENEZ LA MACHETTE ET JE NE VEUX "PAS" ENTENDRE QU'UN SEUL TCHAC !!!
COMPRIS ?
FROTTE FROTTE FROTTE
TCHACTCHACTCHAC TCHAC TCHAC TCHAC
LÀÀÀ ! C'EST MIEUX ! CONTINUEZ COMME ÇA !
5.
TCHAC TCHAC TCHAC TCHAC TCHAC TCHAC TCHAC TCHAC TCHAC TCHAC
AOUÏAAAH !
DISCIIIIPLE ?
HUH ! ME SUIS COUPÉ LE...
BOBO !
MAIS J'AI TERMINÉ !

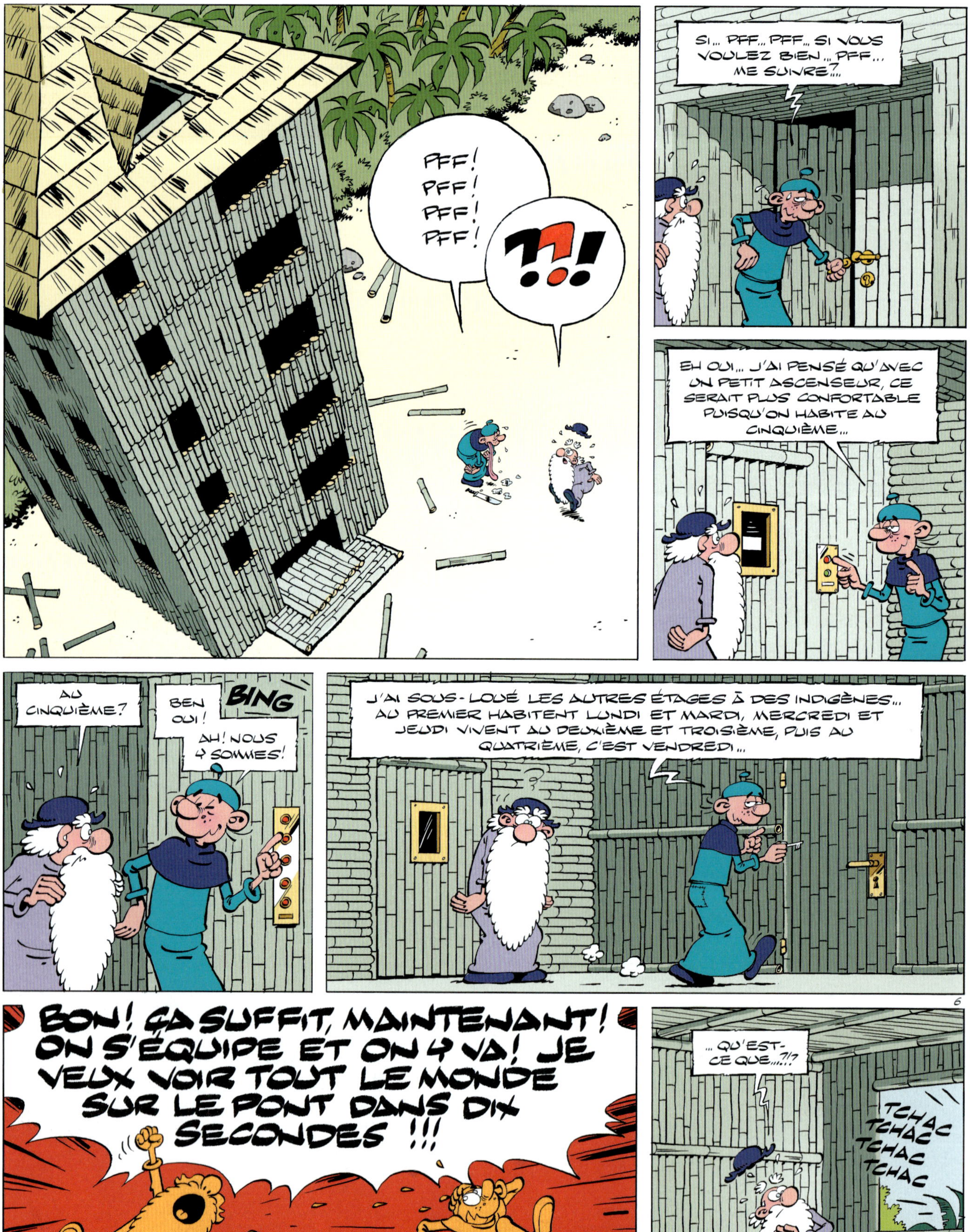
PFF! PFF! PFF! PFF!
?!?!
SI... PFF... PFF... SI VOUS VOULEZ BIEN... PFF... ME SUIVRE?...
EH OUI... J'AI PENSÉ QU'AVEC UN PETIT ASCENSEUR, CE SERAIT PLUS CONFORTABLE PUISQU'ON HABITE AU CINQUIÈME...
AU CINQUIÈME?
BEN OUI!
BING
AH! NOUS Y SOMMES!
J'AI SOUS-LOUÉ LES AUTRES ÉTAGES À DES INDIGÈNES... AU PREMIER HABITENT LUNDI ET MARDI, MERCREDI ET JEUDI VIVENT AU DEUXIÈME ET TROISIÈME, PUIS AU QUATRIÈME, C'EST VENDREDI...
BON! ÇA SUFFIT, MAINTENANT! ON S'ÉQUIPE ET ON Y VA! JE VEUX VOIR TOUT LE MONDE SUR LE PONT DANS DIX SECONDES!!!
... QU'EST-CE QUE...?!?
TCHAC TCHAC TCHAC TCHAC

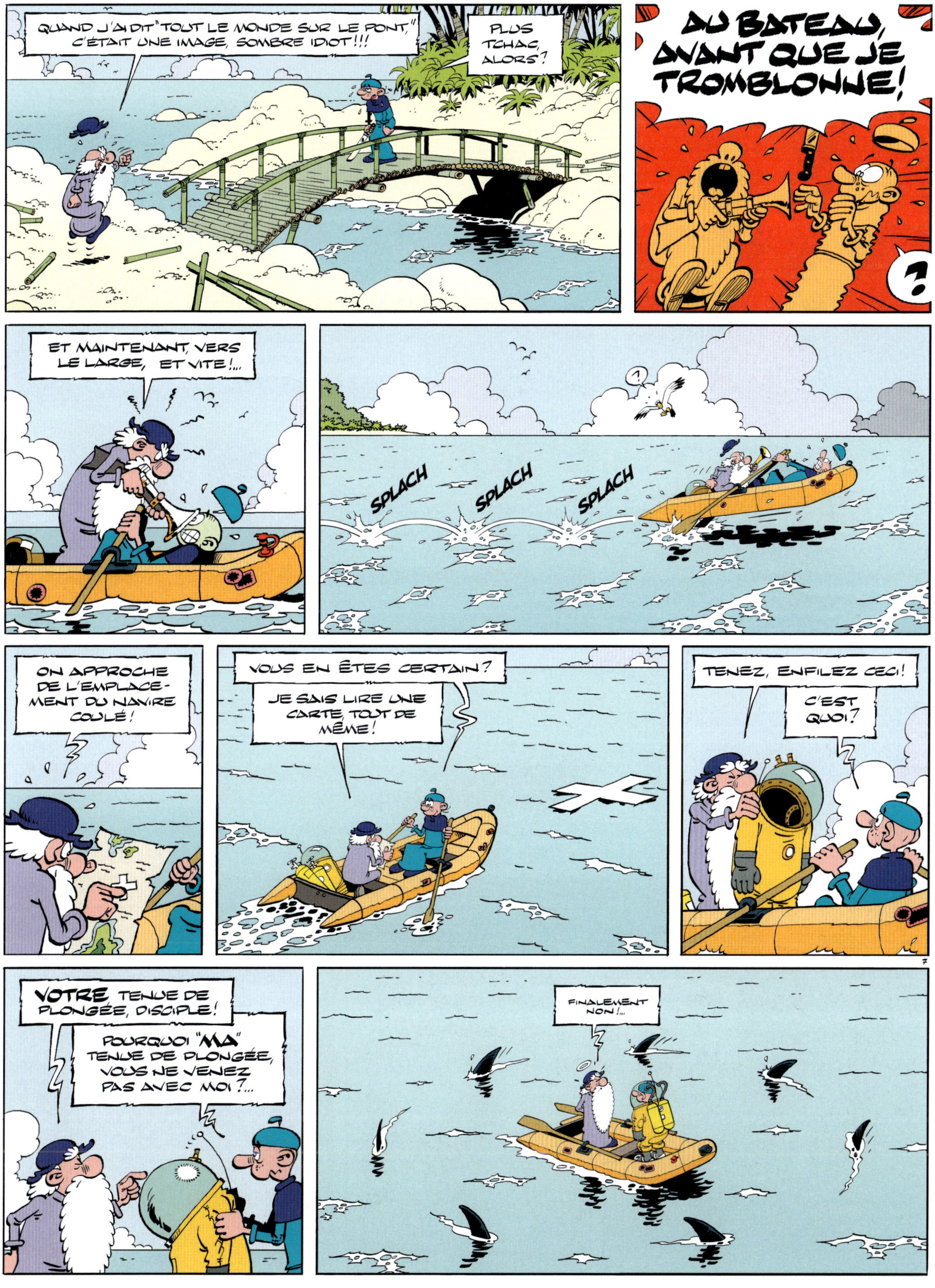
QUAND J'AI DIT "TOUT LE MONDE SUR LE PONT," C'ÉTAIT UNE IMAGE, SOMBRE IDIOT!!!
PLUS TCHAC, ALORS?
DU BATEAU, AVANT QUE JE TROMBLONNE!
?
ET MAINTENANT, VERS LE LARGE, ET VITE!...
?
SPLACH
SPLACH
SPLACH
ON APPROCHE DE L'EMPLACEMENT DU NAVIRE COULÉ!
VOUS EN ÊTES CERTAIN?
JE SAIS LIRE UNE CARTE, TOUT DE MÊME!
TENEZ, ENFILEZ CECI!
C'EST QUOI?
VOTRE TENUE DE PLONGÉE, DISCIPLE!
POURQUOI "MA" TENUE DE PLONGÉE, VOUS NE VENEZ PAS AVEC MOI?...
FINALEMENT NON!...

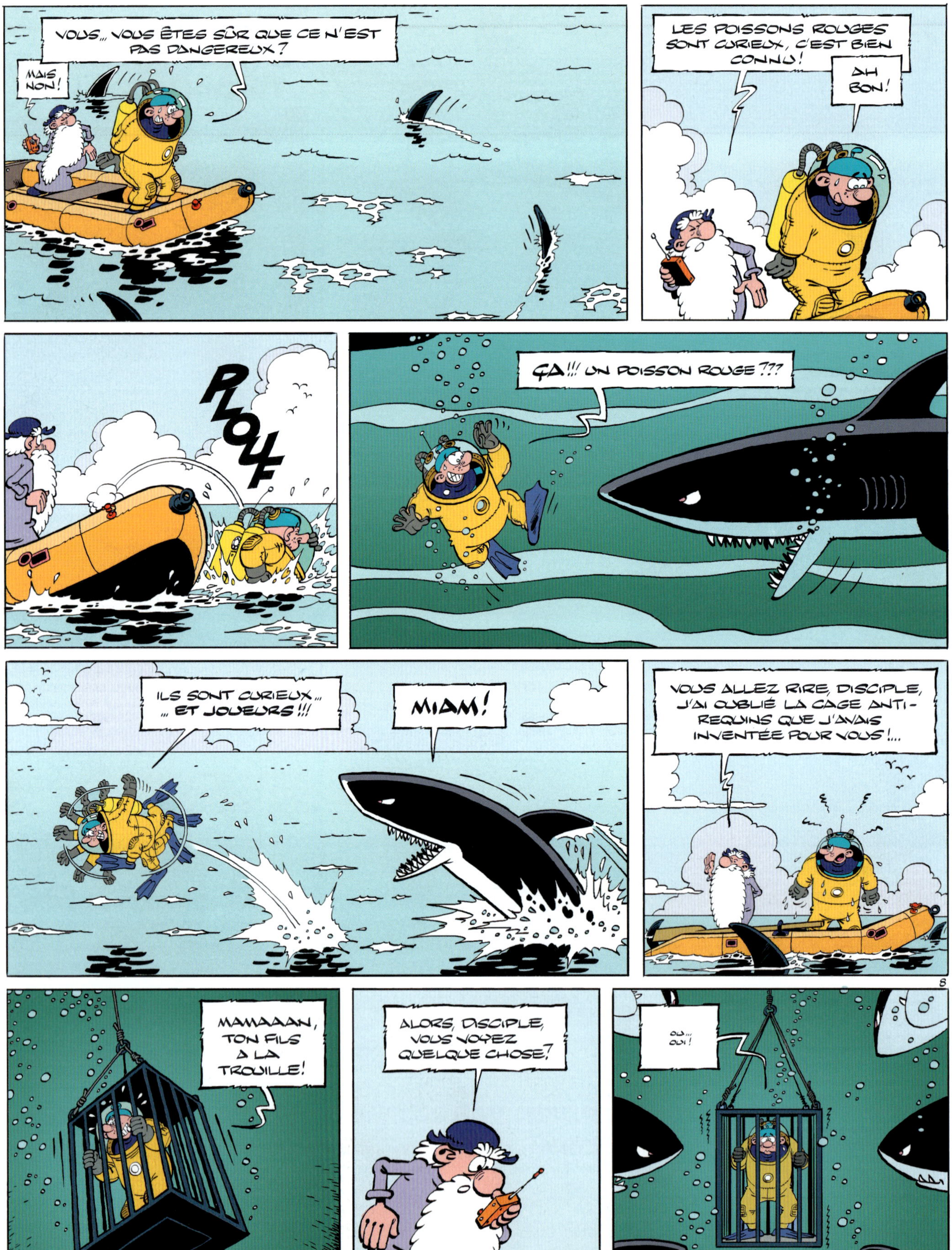
VOUS... VOUS ÊTES SÛR QUE CE N'EST PAS DANGEREUX ?
MAIS NON !
LES POISSONS ROUGES SONT CURIEUX, C'EST BIEN CONNU !
AH BON !
PLOUF
ÇA !!! UN POISSON ROUGE ???
ILS SONT CURIEUX... ... ET JOUEURS !!!
MIAM !
VOUS ALLEZ RIRE, DISCIPLE, J'AI OUBLIÉ LA CAGE ANTI-REQUINS QUE J'AVAIS INVENTÉE POUR VOUS !...
MAMAAAN, TON FILS A LA TROUILLE !
ALORS, DISCIPLE, VOUS VOYEZ QUELQUE CHOSE ?
OU... OUI !

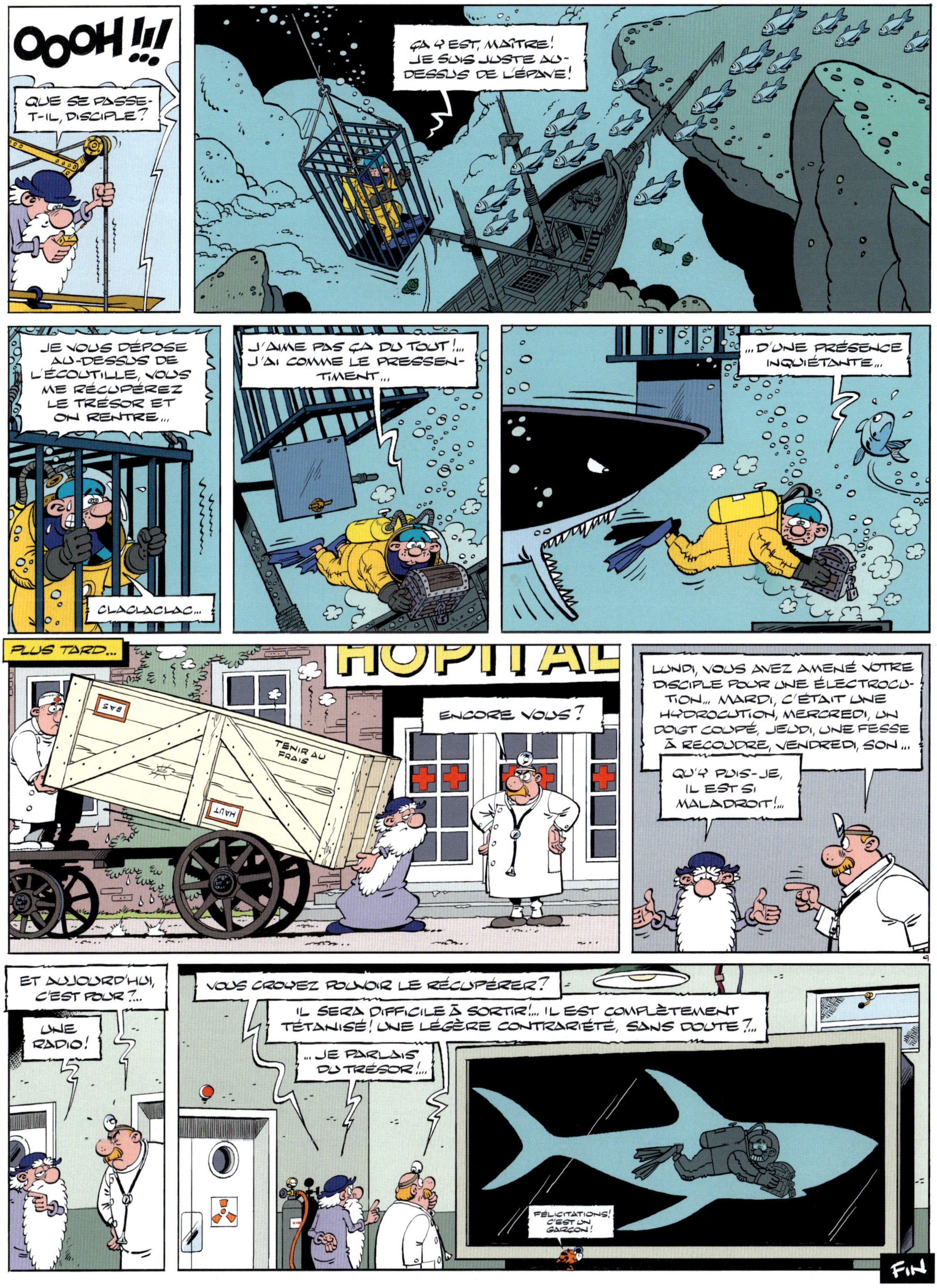
OOOH !!!
QUE SE PASSE-T-IL, DISCIPLE?
ÇA Y EST, MAÎTRE! JE SUIS JUSTE AU-DESSUS DE L'ÉPAVE!
JE VOUS DÉPOSE AU-DESSUS DE L'ÉCOUTILLE, VOUS ME RÉCUPÉREZ LE TRÉSOR ET ON RENTRE...
CLACLACLAC...
J'AIME PAS ÇA DU TOUT!... J'AI COMME LE PRESSENTIMENT...
...D'UNE PRÉSENCE INQUIÉTANTE...
PLUS TARD...
HOPITAL
BAS
TENIR AU FRAIS
HAUT
ENCORE VOUS?
LUNDI, VOUS AVEZ AMENÉ VOTRE DISCIPLE POUR UNE ÉLECTROCUTION... MARDI, C'ÉTAIT UNE HYDROCUTION, MERCREDI, UN DOIGT COUPÉ, JEUDI, UNE FESSE À RECOUDRE, VENDREDI, SON...
QU'Y PUIS-JE, IL EST SI MALADROIT!...
ET AUJOURD'HUI, C'EST POUR ?...
UNE RADIO!
VOUS CROYEZ POUVOIR LE RÉCUPÉRER?
IL SERA DIFFICILE À SORTIR!... IL EST COMPLÈTEMENT TÉTANISÉ! UNE LÉGÈRE CONTRARIÉTÉ, SANS DOUTE?...
...JE PARLAIS DU TRÉSOR!...
FÉLICITATIONS! C'EST UN GARÇON!
FIN

Cauche... Marre

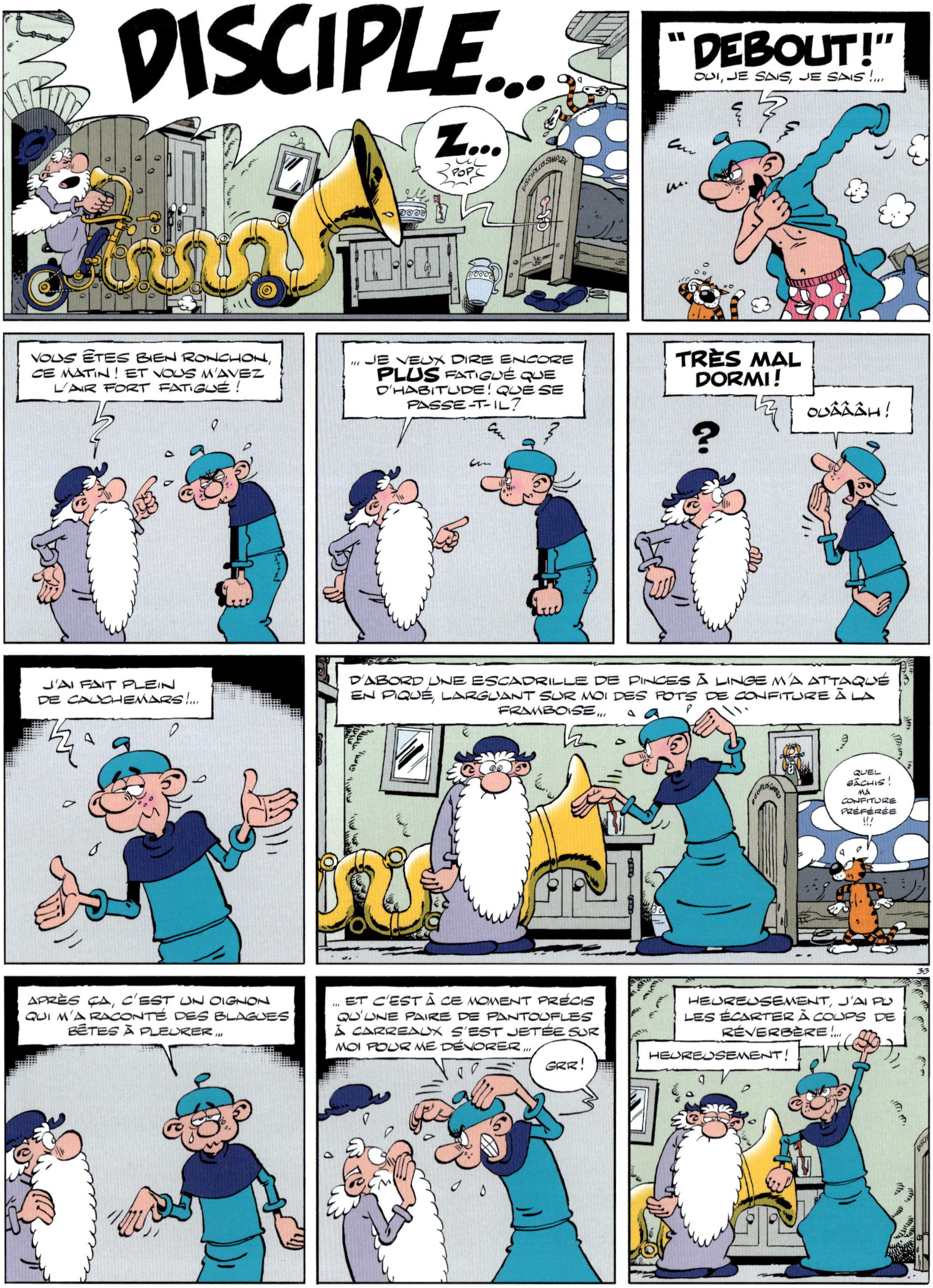

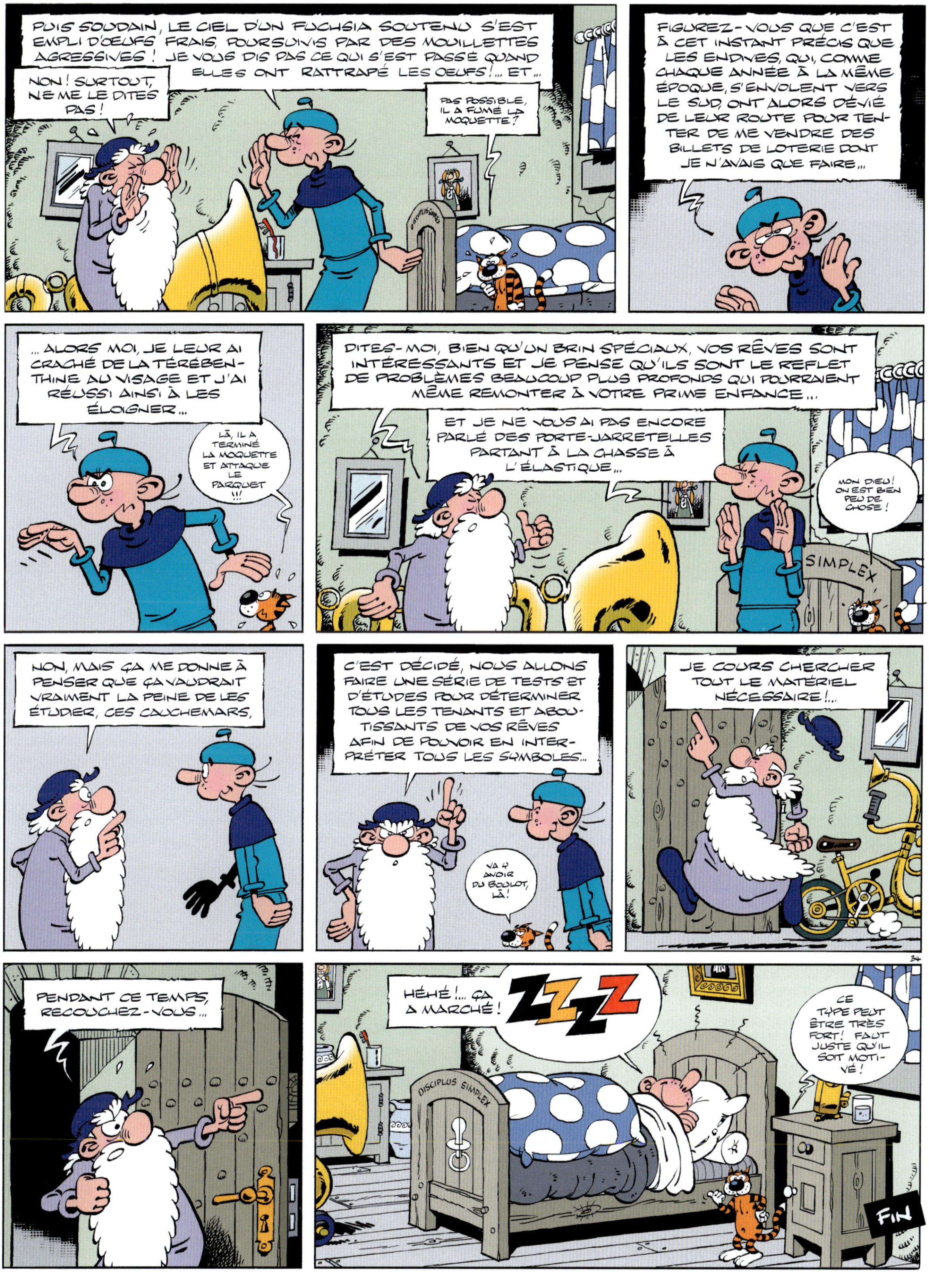
PUIS SOUDAIN, LE CIEL D'UN FUCHSIA SOUTENU S'EST EMPLI D'OEUFS FRAIS, POURSUIVIS PAR DES MOUILLETTES AGRESSIVES ! JE VOUS DIS PAS CE QUI S'EST PASSÉ QUAND ELLES ONT RATTRAPÉ LES OEUFS !... ET...
NON ! SURTOUT, NE ME LE DITES PAS !
PAS POSSIBLE, IL A FUMÉ LA MOQUETTE ?
FIGUREZ-VOUS QUE C'EST À CET INSTANT PRÉCIS QUE LES ENDIVES, QUI, COMME CHAQUE ANNÉE À LA MÊME ÉPOQUE, S'ENVOLENT VERS LE SUD, ONT ALORS DÉVIÉ DE LEUR ROUTE POUR TENTER DE ME VENDRE DES BILLETS DE LOTERIE DONT JE N'AVAIS QUE FAIRE...
... ALORS MOI, JE LEUR AI CRACHÉ DE LA TÉRÉBENTHINE AU VISAGE ET J'AI RÉUSSI AINSI À LES ÉLOIGNER...
LÀ, IL A TERMINÉ LA MOQUETTE ET ATTAQUE LE PARQUET !!!
DITES-MOI, BIEN QU'UN BRIN SPÉCIAUX, VOS RÊVES SONT INTÉRESSANTS ET JE PENSE QU'ILS SONT LE REFLET DE PROBLÈMES BEAUCOUP PLUS PROFONDS QUI POURRAIENT MÊME REMONTER À VOTRE PRIME ENFANCE...
ET JE NE VOUS AI PAS ENCORE PARLÉ DES PORTE-JARRETELLES PARTANT À LA CHASSE À L'ÉLASTIQUE...
MON DIEU ! ON EST BIEN PEU DE CHOSE !
SIMPLEX
NON, MAIS ÇA ME DONNE À PENSER QUE ÇA VAUDRAIT VRAIMENT LA PEINE DE LES ÉTUDIER, CES CAUCHEMARS.
C'EST DÉCIDÉ, NOUS ALLONS FAIRE UNE SÉRIE DE TESTS ET D'ÉTUDES POUR DÉTERMINER TOUS LES TENANTS ET ABOUTISSANTS DE VOS RÊVES AFIN DE POUVOIR EN INTERPRÉTER TOUS LES SYMBOLES...
VA Y AVOIR DU BOULOT, LÀ !
JE COURS CHERCHER TOUT LE MATÉRIEL NÉCESSAIRE !...
PENDANT CE TEMPS, RECOUCHEZ-VOUS...
HÉHÉ !... ÇA A MARCHÉ !
ZZZZ
CE TYPE PEUT ÊTRE TRÈS FORT ! FAUT JUSTE QU'IL SOIT MOTIVÉ !
DISCIPLUS SIMPLEX
FIN

À chaque jour suffit sa tache

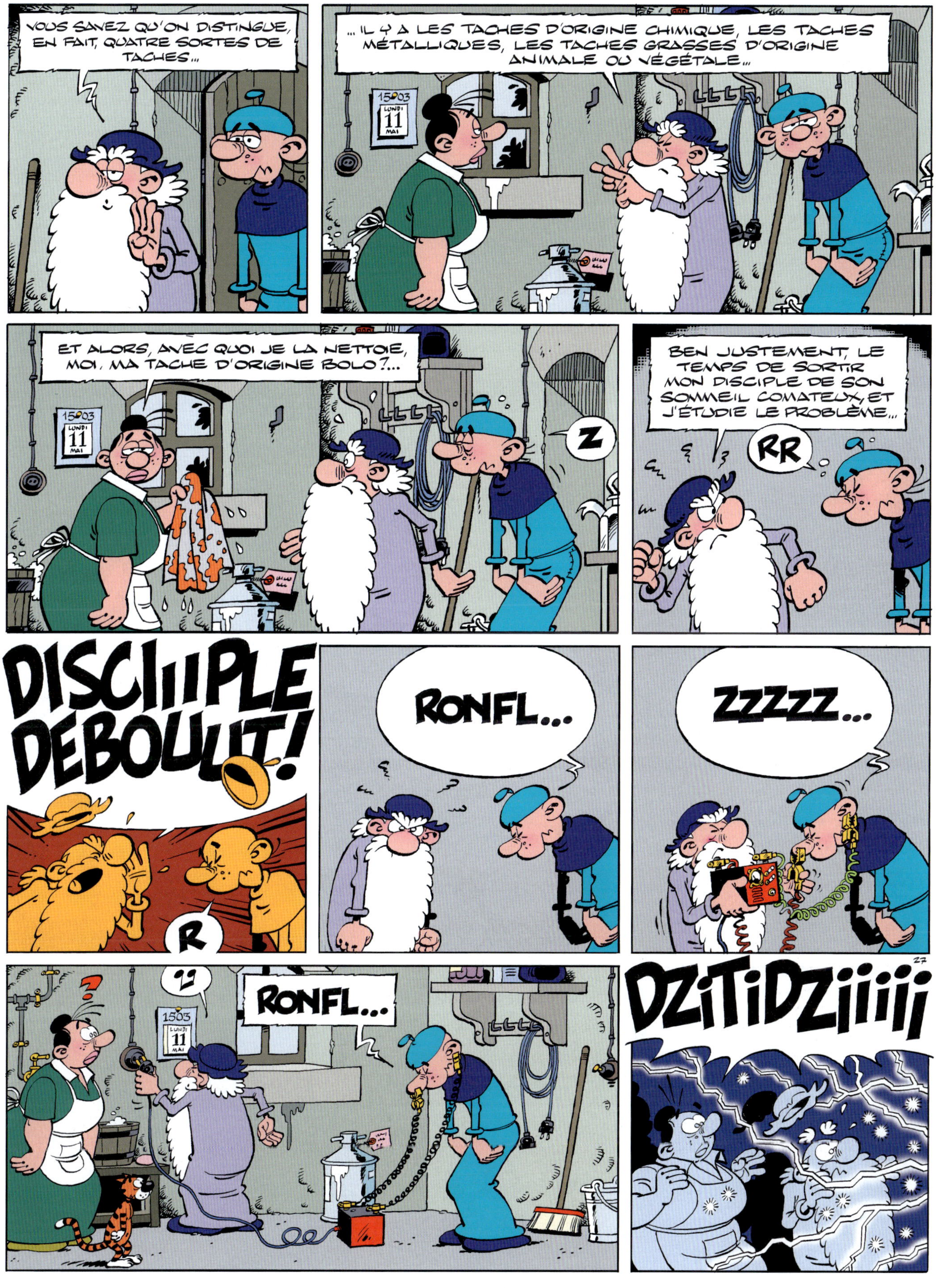
VOUS SAVEZ QU'ON DISTINGUE, EN FAIT, QUATRE SORTES DE TACHES...
... IL Y A LES TACHES D'ORIGINE CHIMIQUE, LES TACHES MÉTALLIQUES, LES TACHES GRASSES D'ORIGINE ANIMALE OU VÉGÉTALE...
ET ALORS, AVEC QUOI JE LA NETTOIE, MOI, MA TACHE D'ORIGINE BOLO ?...
Z
BEN JUSTEMENT, LE TEMPS DE SORTIR MON DISCIPLE DE SON SOMMEIL COMATEUX, ET J'ÉTUDIE LE PROBLÈME...
RR
DISCIIIPLE DEBOUUT !
R
RONFL...
ZZZZZ...
RONFL...
DZITIDZIIIII

J'AI PEUT-ÊTRE UN PEU FORCÉ SUR LE COURANT ?...
LUNDI 11 MAI
G...
J'AI BESOIN DE VOS RESTES CALCINÉS POUR M'ASSISTER DANS LA RECHERCHE DE PRODUITS DÉTACHANTS !
BIEN, JE TRAÎNE MES CENDRES JUSQU'AU LABO !
COUREZ DONC CHEZ LE DROGUISTE ME CHERCHER LES PRODUITS LES PLUS NOCIFS QUE VOUS TROUVEREZ, DISCIPLE !
VOUS, MATHURINE, PRÉPAREZ-MOI QUELQUES CARRÉS DE TISSUS DIVERS...
... ENSUITE, VOUS ME CUIREZ PLUSIEURS TRUCS BIEN GRAS... AINSI, JE POURRAI PROCÉDER À QUELQUES ESSAIS...
PENDANT CE TEMPS, JE ME PENCHERAI SUR UN LISTING DE TOUTES LES TACHES POSSIBLES...
PURÉE...
MAYONNAISE...
SAUCE TOMATE...
HUILE...
CIRAGE...
PEINTURE...
KETCHUP, DÈS QUE JE L'AURAI INVENTÉ...
CROTTES DE NEZ...
BEURRE...
PIPI...
GRAISSE...
CACA...
VIN...
FRUITS...
PROUT...
BIEN !... MON ANALYSE EST TERMINÉE ET, COMME D'HABITUDE, JE ME ROULE DANS LA SATISFACTION LÉGITIME QUE GÉNÈRE LE TRAVAIL BIEN FAIT !
BREF, JE SUIS CONTENT !
EN FAIT, IL SE TUE À LA TACHE !
... J'AI DÉTERMINÉ QUE POUR LES TACHES DUES AU MÉTAL, IL FAUDRA LES IMBIBER AU MOYEN D'UN SOLVANT (TEL QUE L'ACÉTONE, L'ALCOOL À BRÛLER OU LE WHITE SPIRIT)...
... SAUF SUR L'ACÉTATE QUI NE SUPPORTE NI L'ACÉTONE NI L'ALCOOL !

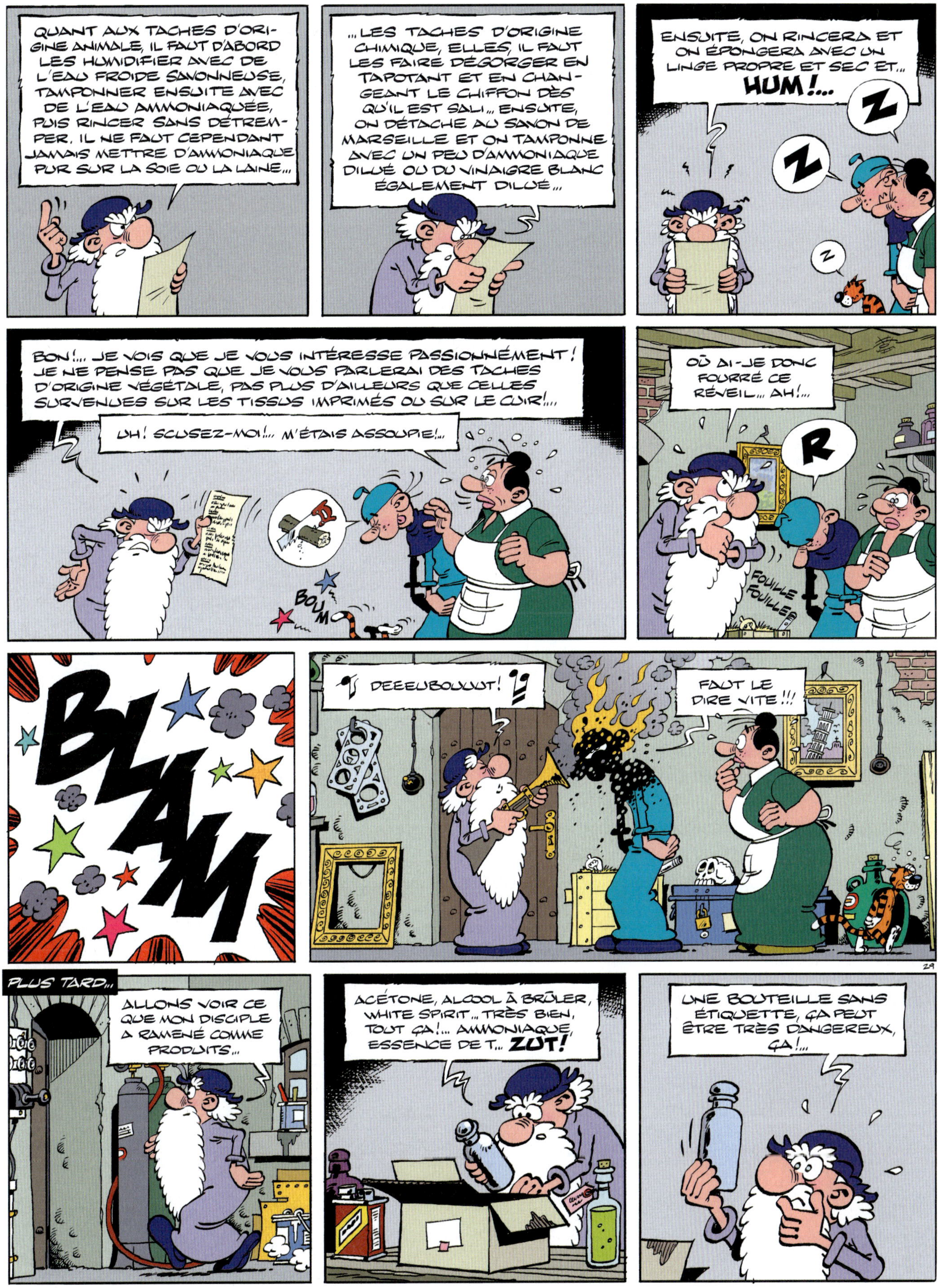
QUANT AUX TACHES D'ORIGINE ANIMALE, IL FAUT D'ABORD LES HUMIDIFIER AVEC DE L'EAU FROIDE SAVONNEUSE, TAMPONNER ENSUITE AVEC DE L'EAU AMMONIAQUÉE, PUIS RINCER SANS DÉTREMPER. IL NE FAUT CEPENDANT JAMAIS METTRE D'AMMONIAQUE PUR SUR LA SOIE OU LA LAINE...
...LES TACHES D'ORIGINE CHIMIQUE, ELLES, IL FAUT LES FAIRE DÉGORGER EN TAPOTANT ET EN CHANGEANT LE CHIFFON DÈS QU'IL EST SALI... ENSUITE, ON DÉTACHE AU SAVON DE MARSEILLE ET ON TAMPONNE AVEC UN PEU D'AMMONIAQUE DILUÉ OU DU VINAIGRE BLANC ÉGALEMENT DILUÉ...
ENSUITE, ON RINCERA ET ON ÉPONGERA AVEC UN LINGE PROPRE ET SEC ET... HUM!...
Z
Z
Z
BON!... JE VOIS QUE JE VOUS INTÉRESSE PASSIONNÉMENT! JE NE PENSE PAS QUE JE VOUS PARLERAI DES TACHES D'ORIGINE VÉGÉTALE, PAS PLUS D'AILLEURS QUE CELLES SURVENUES SUR LES TISSUS IMPRIMÉS OU SUR LE CUIR!...
UH! SCUSEZ-MOI!... M'ÉTAIS ASSOUPIE!...
BOUM
OÙ AI-JE DONC FOURRÉ CE RÉVEIL... AH!...
R
FOUILLE FOUILLE
BLAM
DEEEUBOUUUT!
FAUT LE DIRE VITE!!!
PLUS TARD...
ALLONS VOIR CE QUE MON DISCIPLE A RAMENÉ COMME PRODUITS...
ACÉTONE, ALCOOL À BRÛLER, WHITE SPIRIT... TRÈS BIEN, TOUT ÇA!... AMMONIAQUE, ESSENCE DE T... ZUT!
UNE BOUTEILLE SANS ÉTIQUETTE, ÇA PEUT ÊTRE TRÈS DANGEREUX, ÇA!...

EUH... TENEZ, GOÛTEZ-MOI DONC ÇA, DISCIPLE !...
JE SERS LA SCIENCE ET C'EST MA... GLOUB...
RAAAAAAA
JE FAIS DONC IMMÉDIATEMENT UNE NOUVELLE ÉTIQUETTE OÙ J'ÉCRIS TRÈS LISIBLEMENT : "ACIDE SULFURIQUE" !
NOUS POUVONS COMMENCER LES RECHERCHES, À PRÉSENT !
UN PEU DE CECI, UN PEU DE CELA...
ET VOILÀ ! MON DÉTACHANT MIRACLE EST PRÊT ! J'AI HÂTE DE L'ESSAYER !
ÇA MARCHE PAS !
FROTTE FROTTE FROTTE
JE VAIS RAJOUTER QUELQUES GOUTTES DE VINAIGRE BLANC DILUÉ...
ÇA MARCHE PAS !
FROTTE FROTTE FROTTE

ÇA MARCHE PAS !
FROTTE FROTTE FROTTE
PEUT-ÊTRE QU'UN PEU DE TALC EN PLUS...
ÇA MARCHE PAS !
FROTTE FROTTE FROTTE
VOUS ME FAITES PITIÉ, TIENS ! VOUS VOUS Y PRENEZ MAL, VOILÀ TOUT !...
?
DONNEZ-MOI ÇA, VOUS ALLEZ VOIR CE QUE VOUS ALLEZ VOIR !...
JE MÉLANGE TOUS VOS PRODUITS DÉTACHANTS DANS UN GRAND SEAU...
GLOU GLOU
...ET HOP ! ON DÉTACHE LE TOUT EN UNE FOIS !...
...PLUS QU'À FROTTER ET...
ZIP ZIP ZIP
JE VOUS LE JURE SOLENNELLEMENT, DISCIPLE, UN JOUR JE VOUS TUERAI !
MA QUEUE !!!
FIN

Marche ou grève!

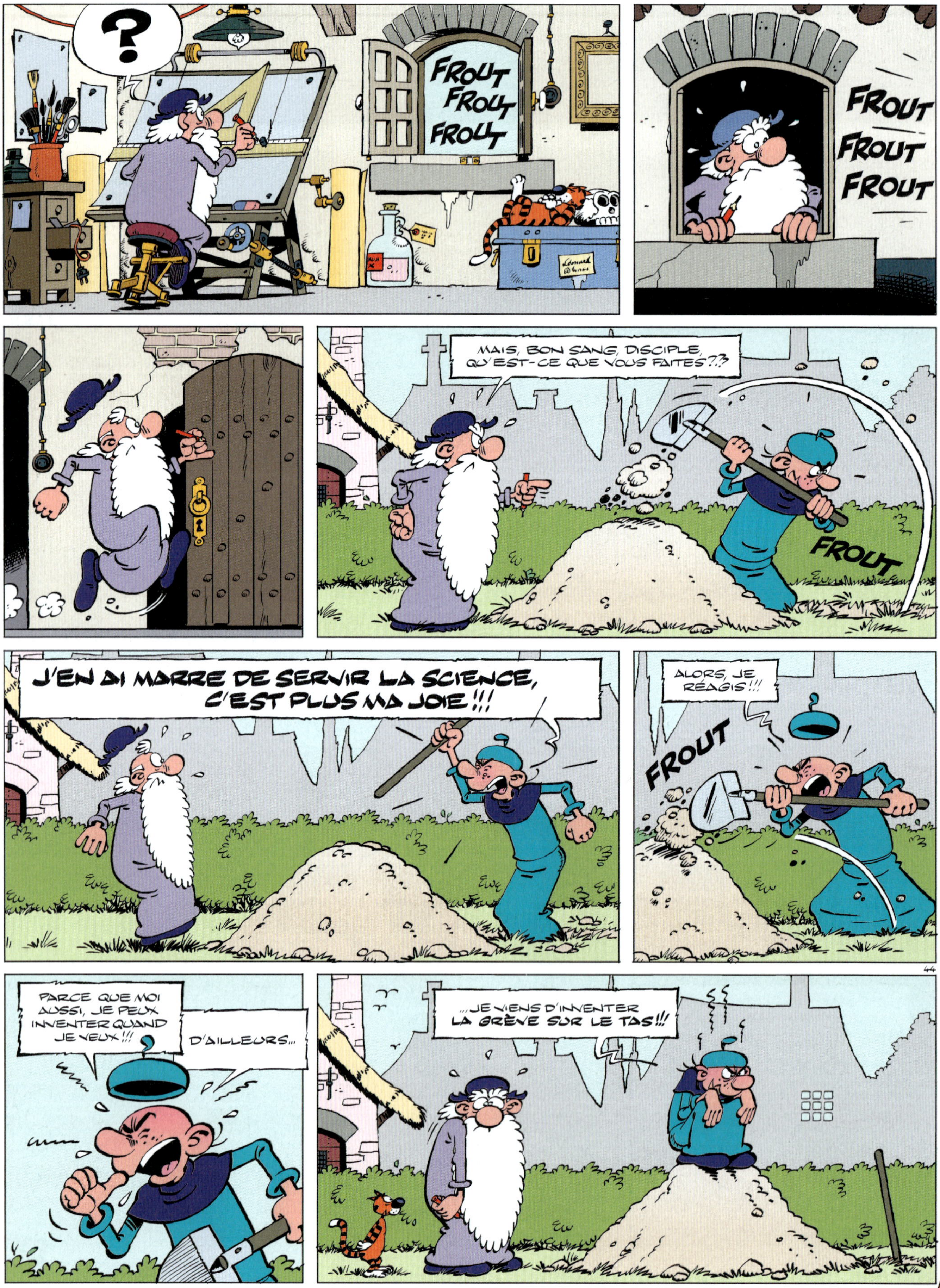

Faut bien que jeunesse se passe

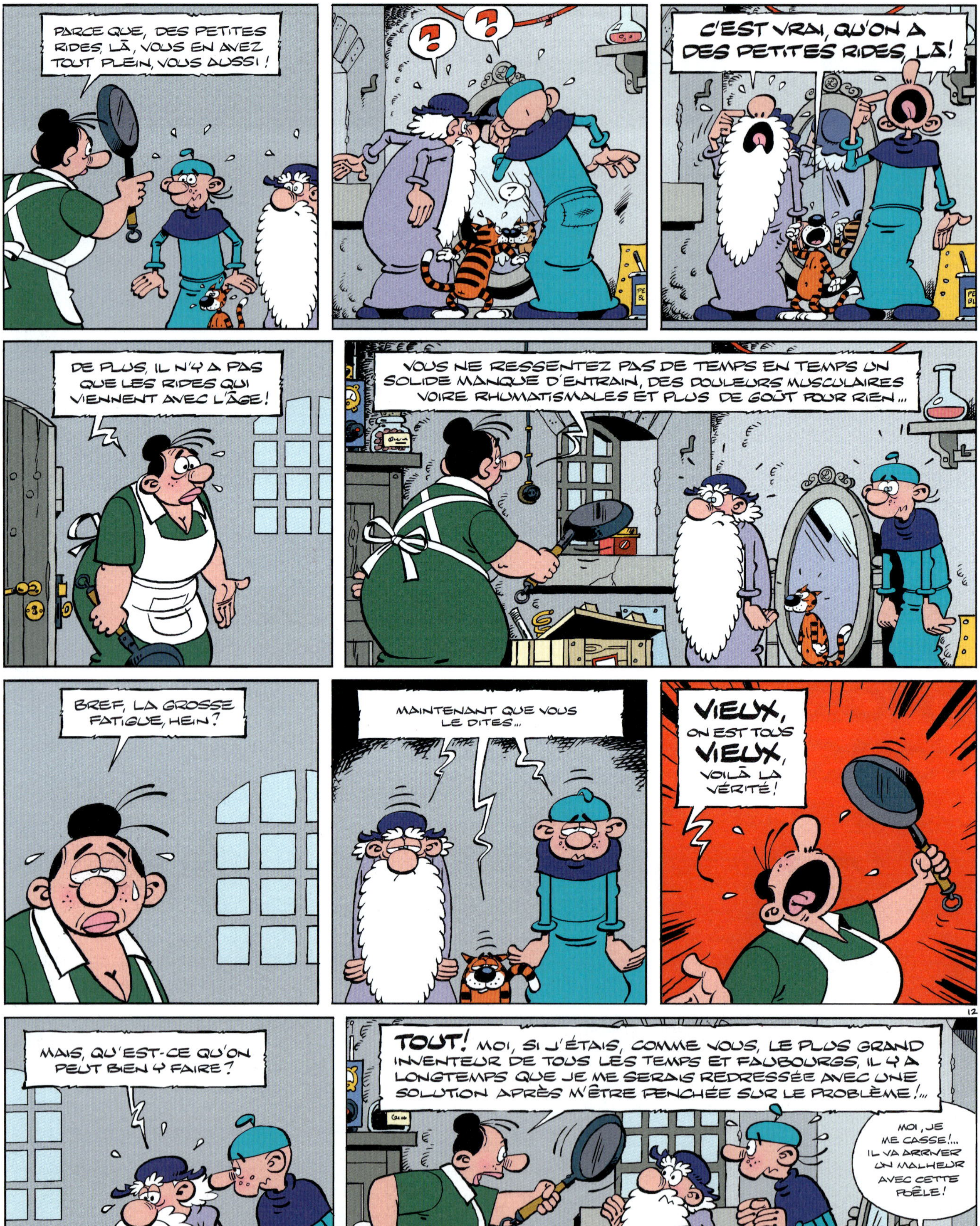
PARCE QUE, DES PETITES RIDES, LÀ, VOUS EN AVEZ TOUT PLEIN, VOUS AUSSI !
?
?
C'EST VRAI, QU'ON A DES PETITES RIDES, LÀ !
DE PLUS, IL N'Y A PAS QUE LES RIDES QUI VIENNENT AVEC L'ÂGE !
VOUS NE RESSENTEZ PAS DE TEMPS EN TEMPS UN SOLIDE MANQUE D'ENTRAIN, DES DOULEURS MUSCULAIRES VOIRE RHUMATISMALES ET PLUS DE GOÛT POUR RIEN...
BREF, LA GROSSE FATIGUE, HEIN ?
MAINTENANT QUE VOUS LE DITES...
VIEUX, ON EST TOUS VIEUX, VOILÀ LA VÉRITÉ !
12
MAIS, QU'EST-CE QU'ON PEUT BIEN Y FAIRE ?
TOUT ! MOI, SI J'ÉTAIS, COMME VOUS, LE PLUS GRAND INVENTEUR DE TOUS LES TEMPS ET FAUBOURGS, IL Y A LONGTEMPS QUE JE ME SERAIS REDRESSÉE AVEC UNE SOLUTION APRÈS M'ÊTRE PENCHÉE SUR LE PROBLÈME !...
MOI, JE ME CASSE !... IL VA ARRIVER UN MALHEUR AVEC CETTE POÊLE !

AU FOND, C'EST VOUS QUI AVEZ RAISON !...
JE PEUX LE FAIRE !
CHIC !
OUIIIII !!!
VIVE LUI !
DE PLUS, IL NE SERA PAS DIT QUE J'AURAI LAISSÉ UNE VIEILLE DAME DANS L'INSÉCURITÉ PHYSIQUE DU TROISIÈME ÂGE...
SOYONS GALANT, TOUT DE MÊME !
BOING
GOUJAT !
EUH... PAS ÉTÉ TRÈS PSYCHOLOGUE, MOI, SUR CE COUP-LÀ, MOI...
PFRRRT !
ON EST BIEN PEU DE CHOSE ...
ET ALORS, QU'EST-CE QUI VOUS FAIT RIRE, VOUS ?
HIHI !
ET ALORS ? EH BEN, C'EST LE FAIT QUE POUR UNE FOIS, CE N'EST PAS MOI QUI AI PRIS LE GNON... HOHO !
BIONG
MAIS... VE... V'AVAIS RIEN DIT À VOTRE FUVET !...
C'EST JUSTE POUR LE CAS OÙ VOUS AURIEZ PENSÉ QUELQUE CHOSE À MON SUJET !
F'EST PAS VUFTE !
DISCIPLE !!!
L'INDIEN DE LA RECHERCHE EST SUR LE SENTIER DE LA GUERRE ! ALLEZ DONC L'AIDER, GRAND DADAIS !

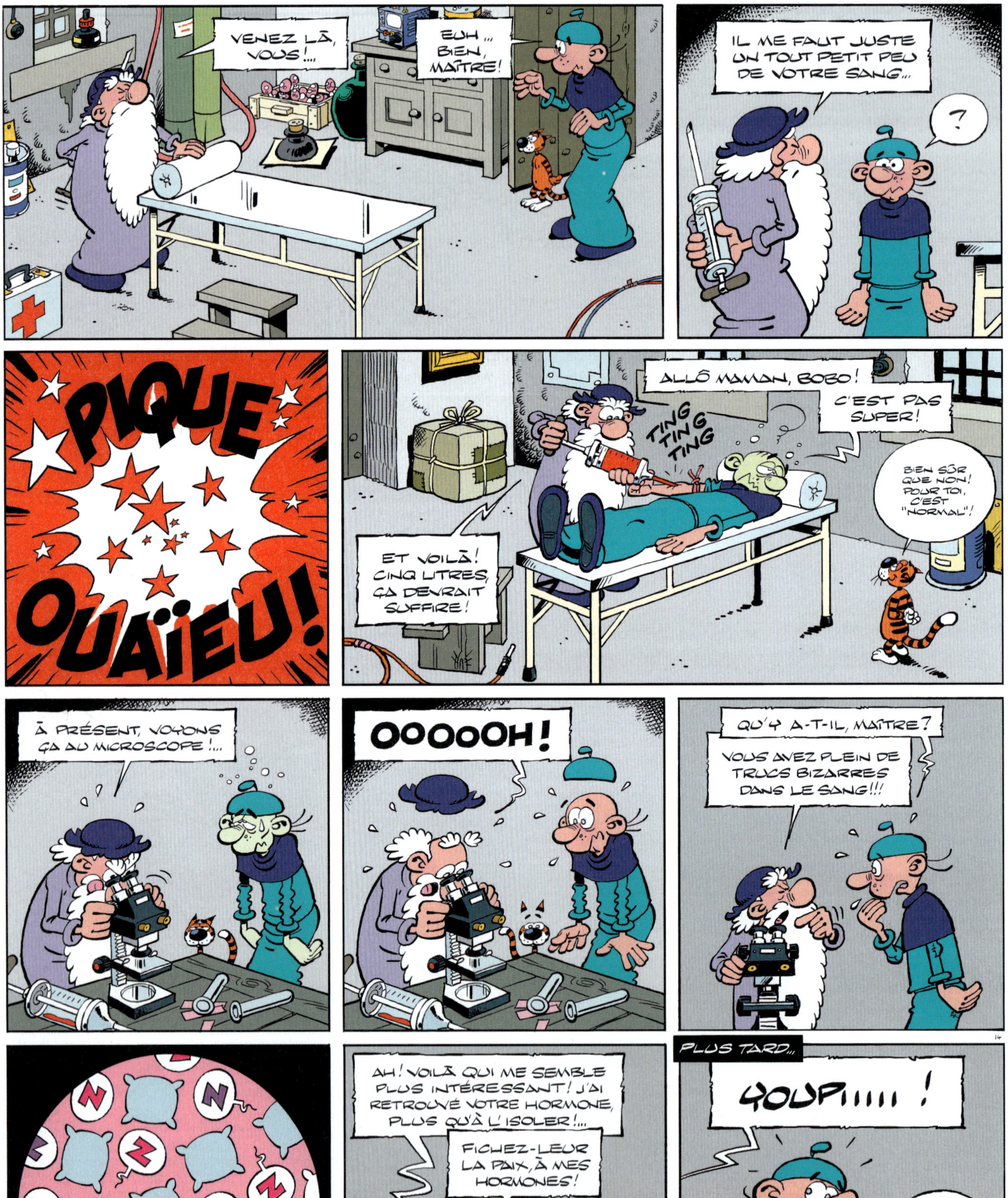
VENEZ LÀ, VOUS !...
EUH... BIEN, MAÎTRE !
IL ME FAUT JUSTE UN TOUT PETIT PEU DE VOTRE SANG...
?
PIQUE
OUAÏEU !
ALLÔ MAMAN, BOBO !
C'EST PAS SUPER !
TING TING TING
BIEN SÛR QUE NON ! POUR TOI, C'EST "NORMAL" !
ET VOILÀ ! CINQ LITRES, ÇA DEVRAIT SUFFIRE !
À PRÉSENT, VOYONS ÇA AU MICROSCOPE !...
OOOOOH !
QU'Y A-T-IL, MAÎTRE ?
VOUS AVEZ PLEIN DE TRUCS BIZARRES DANS LE SANG !!!
AH ! VOILÀ QUI ME SEMBLE PLUS INTÉRESSANT ! J'AI RETROUVÉ VOTRE HORMONE, PLUS QU'À L'ISOLER !...
FICHEZ-LEUR LA PAIX, À MES HORMONES !
HORMONES OUI ! HORS NORMES NON !
PLUS TARD...
YOUPI !!!!!
IL CRIE "YOUPI" PARCE QUE "EURÊKA" ÉTAIT DÉJÀ PRIS !

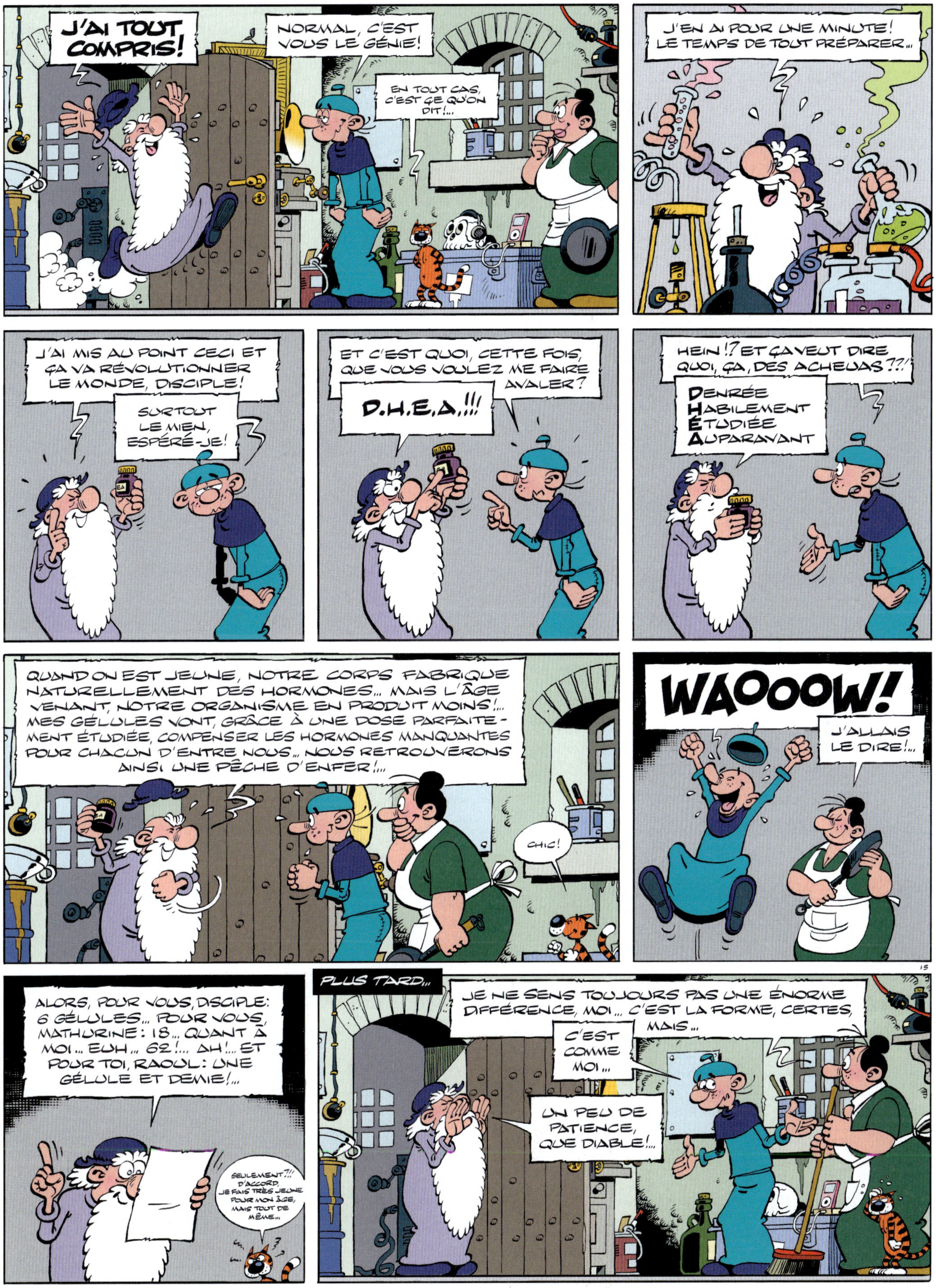
J'AI TOUT COMPRIS!
NORMAL, C'EST VOUS LE GÉNIE!
EN TOUT CAS, C'EST ÇE QU'ON DIT!...
J'EN AI POUR UNE MINUTE! LE TEMPS DE TOUT PRÉPARER...
J'AI MIS AU POINT CECI ET ÇA VA RÉVOLUTIONNER LE MONDE, DISCIPLE!
SURTOUT LE MIEN, ESPÉRÉ-JE!
ET C'EST QUOI, CETTE FOIS, QUE VOUS VOULEZ ME FAIRE AVALER?
D.H.E.A.!!!
HEIN!? ET ÇA VEUT DIRE QUOI, ÇA, DES ACHEUAS?!?!
DENRÉE HABILEMENT ÉTUDIÉE AUPARAVANT
QUAND ON EST JEUNE, NOTRE CORPS FABRIQUE NATURELLEMENT DES HORMONES... MAIS L'ÂGE VENANT, NOTRE ORGANISME EN PRODUIT MOINS!... MES GÉLULES VONT, GRÂCE À UNE DOSE PARFAITEMENT ÉTUDIÉE, COMPENSER LES HORMONES MANQUANTES POUR CHACUN D'ENTRE NOUS... NOUS RETROUVERONS AINSI UNE PÊCHE D'ENFER!...
CHIC!
WAOOOW!
J'ALLAIS LE DIRE!...
ALORS, POUR VOUS, DISCIPLE: 6 GÉLULES... POUR VOUS, MATHURINE: 18... QUANT À MOI... EUH... 62!... AH!... ET POUR TOI, RAOUL: UNE GÉLULE ET DEMIE!...
SEULEMENT?!! D'ACCORD, JE FAIS TRÈS JEUNE POUR MON ÂGE, MAIS TOUT DE MÊME...
PLUS TARD...
JE NE SENS TOUJOURS PAS UNE ÉNORME DIFFÉRENCE, MOI... C'EST LA FORME, CERTES, MAIS...
C'EST COMME MOI...
UN PEU DE PATIENCE, QUE DIABLE!...

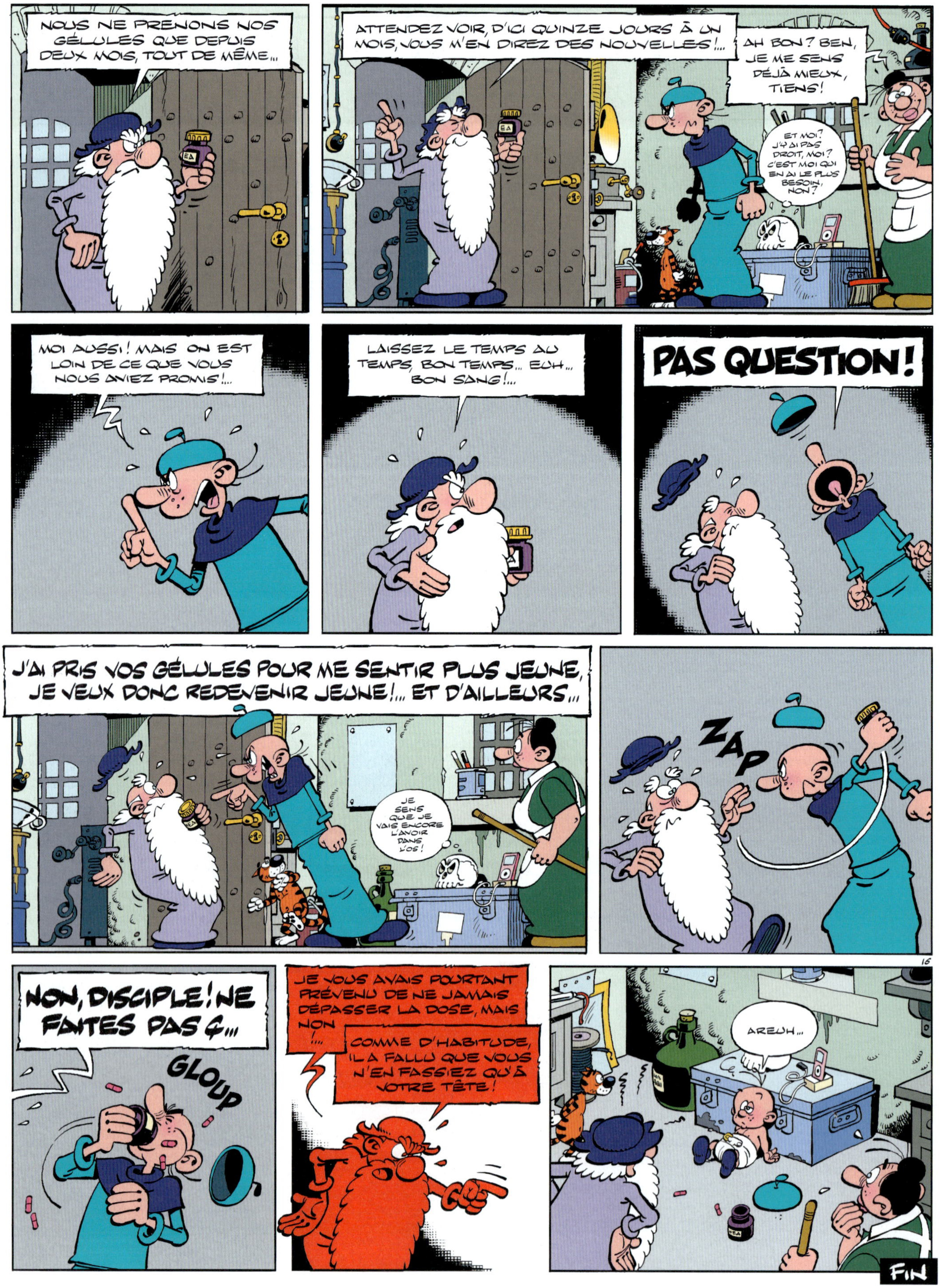
NOUS NE PRENONS NOS GÉLULES QUE DEPUIS DEUX MOIS, TOUT DE MÊME...
ATTENDEZ VOIR, D'ICI QUINZE JOURS À UN MOIS, VOUS M'EN DIREZ DES NOUVELLES !...
AH BON ? BEN, JE ME SENS DÉJÀ MIEUX, TIENS !
ET MOI ? J'Y AI PAS DROIT, MOI ? C'EST MOI QUI EN AI LE PLUS BESOIN, NON ?
MOI AUSSI ! MAIS ON EST LOIN DE CE QUE VOUS NOUS AVIEZ PROMIS !...
LAISSEZ LE TEMPS AU TEMPS, BON TEMPS... EUH... BON SANG !...
PAS QUESTION !
J'AI PRIS VOS GÉLULES POUR ME SENTIR PLUS JEUNE, JE VEUX DONC REDEVENIR JEUNE !... ET D'AILLEURS...
JE SENS QUE JE VAIS ENCORE L'AVOIR DANS L'OS !
ZAP
NON, DISCIPLE ! NE FAITES PAS ÇA...
GLOUP
JE VOUS AVAIS POURTANT PRÉVENU DE NE JAMAIS DÉPASSER LA DOSE, MAIS NON !...
COMME D'HABITUDE, IL A FALLU QUE VOUS N'EN FASSIEZ QU'À VOTRE TÊTE !
AREUH...
FIN

Huile de bras

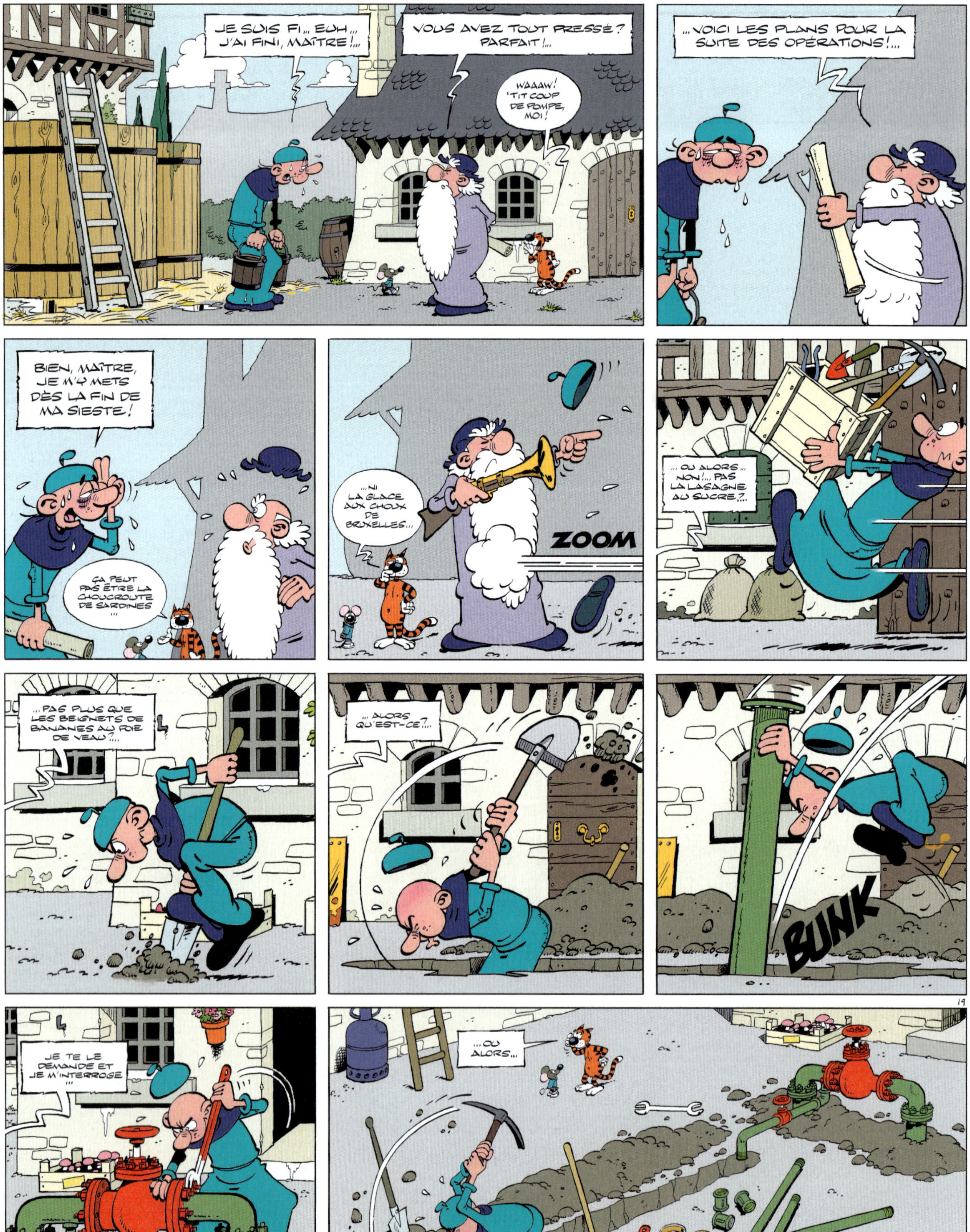

JE SUIS FI... EUH... J'AI FINI, MAÎTRE !...
VOUS AVEZ TOUT PRESSÉ ? PARFAIT !...
WAAAW ! 'TIT COUP DE POMPE, MOI !
...VOICI LES PLANS POUR LA SUITE DES OPÉRATIONS !...
BIEN, MAÎTRE, JE M'Y METS DÈS LA FIN DE MA SIESTE !
ÇA PEUT PAS ÊTRE LA CHOUCROUTE DE SARDINES ...
...NI LA GLACE AUX CHOUX DE BRUXELLES...
ZOOM
... OU ALORS... NON !... PAS LA LASAGNE AU SUCRE ?...
...PAS PLUS QUE LES BEIGNETS DE BANANES AU FOIE DE VEAU ?...
... ALORS QU'EST-CE ?...
BUNK
JE TE LE DEMANDE ET JE M'INTERROGE ...
...OU ALORS...

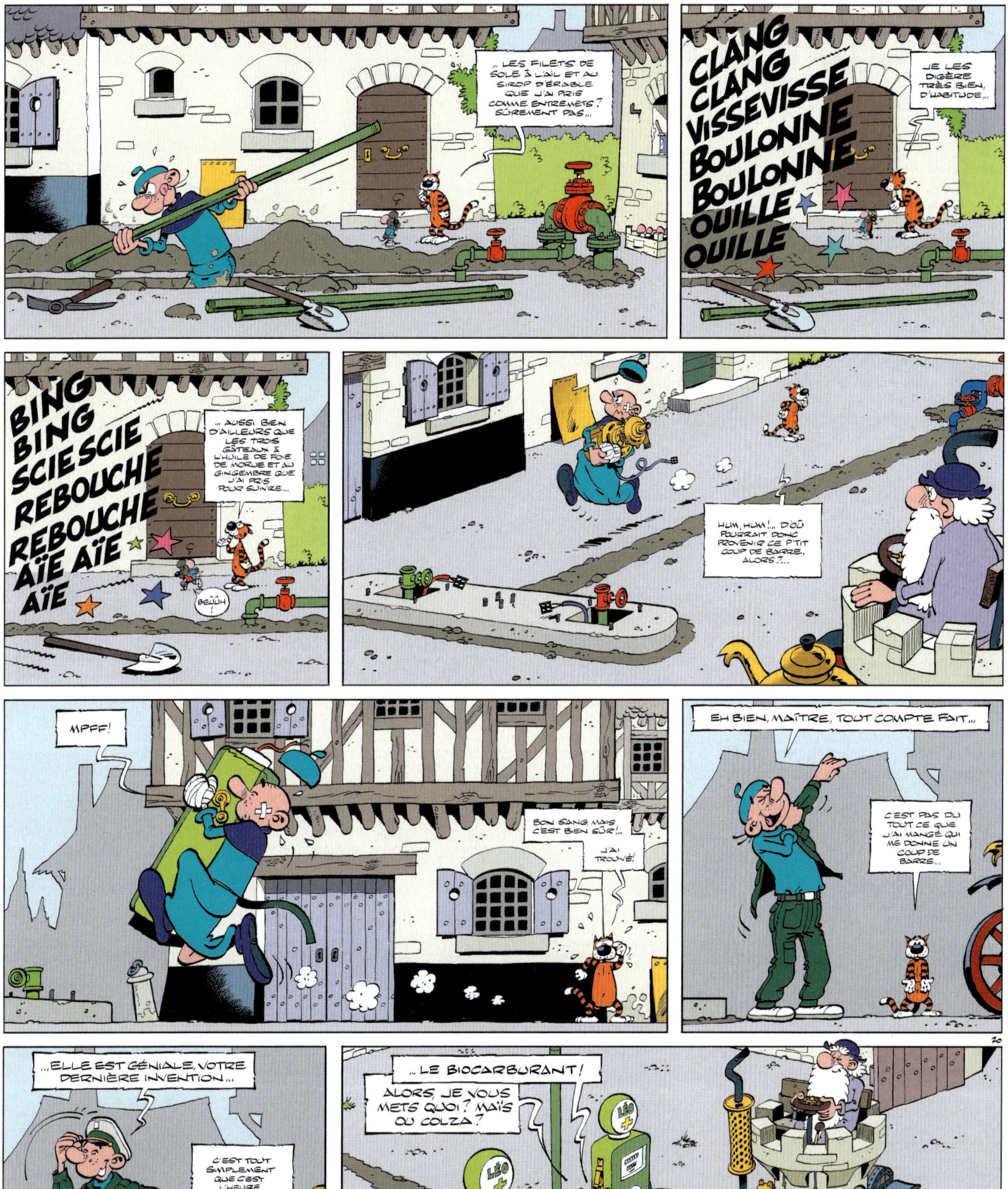
... LES FILETS DE SOLE À L'AIL ET AU SIROP D'ÉRABLE QUE J'AI PRIS COMME ENTREMETS ? SÛREMENT PAS...
CLANG CLANG VISSEVISSE BOULONNE BOULONNE OUILLE OUILLE
JE LES DIGÈRE TRÈS BIEN, D'HABITUDE...
BING BING SCIE SCIE REBOUCHE REBOUCHE AÏE AÏE AÏE
... AUSSI BIEN D'AILLEURS QUE LES TROIS GÂTEAUX À L'HUILE DE FOIE DE MORUE ET AU GINGEMBRE QUE J'AI PRIS POUR SUIVRE...
BEÛÛH !
HUM, HUM !... D'OÙ POURRAIT DONC PROVENIR CE P'TIT COUP DE BARRE, ALORS ?...
MPFF !
BON SANG, MAIS C'EST BIEN SÛR !...
J'AI TROUVÉ !
EH BIEN, MAÎTRE, TOUT COMPTE FAIT...
C'EST PAS DU TOUT CE QUE J'AI MANGÉ QUI ME DONNE UN COUP DE BARRE...
...ELLE EST GÉNIALE, VOTRE DERNIÈRE INVENTION...
C'EST TOUT SIMPLEMENT QUE C'EST L'HEURE DE MA SIESTE !!!
... LE BIOCARBURANT !
ALORS, JE VOUS METS QUOI ? MAÏS OU COLZA ?
RONFL !
LÉO
FIN

Armoire à glace

LE FRIGO INTELLIGENT ! C'EST QUOI, ÇA ?
VOUS NE POUVEZ PAS COMPRENDRE, VOUS QUI NE L'ÊTES PAS !
JE NE SUIS PAS QUOI ? UN FRIGO ?
NON ! INTELLIGENT, ABRUTI !!!
ET ÇA SERT À QUOI, VOTRE FRIGO INTELLIGENT, LÀ ?
EH BIEN, TOUT CE QUE VOUS Y METTEZ EST DÉTECTÉ PAR SON "CERVEAU", LA DATE DE PÉREMPTION EST ENREGISTRÉE ET DE PLUS, IL IMPRIME CHAQUE SEMAINE LA LISTE DES PRODUITS MANQUANTS !
À PROPOS, IL MANQUE DU PARMESAN, DES OEUFS ET...
ET ÇA FAIT TROIS SEMAINES QUE JE LE DIS !
DÈS LORS, JE VOUS POSE LA QUESTION : " C'EST QUOI, CE LAISSER-ALLER ?"
FAUT PAS QUE JE FASSE LES COMMISSIONS, EN PLUS ?
AH !... ET MON SALAIRE, HEIN ? ON N'EN A PAS ENCORE DISCUTÉ, DE MON SALAIRE !
VRAIMENT TRÈS INTELLIGENT, CE FRIGO !
SI ÇA CONTINUE, JE VOUS COLLE MA DÉMISSION !

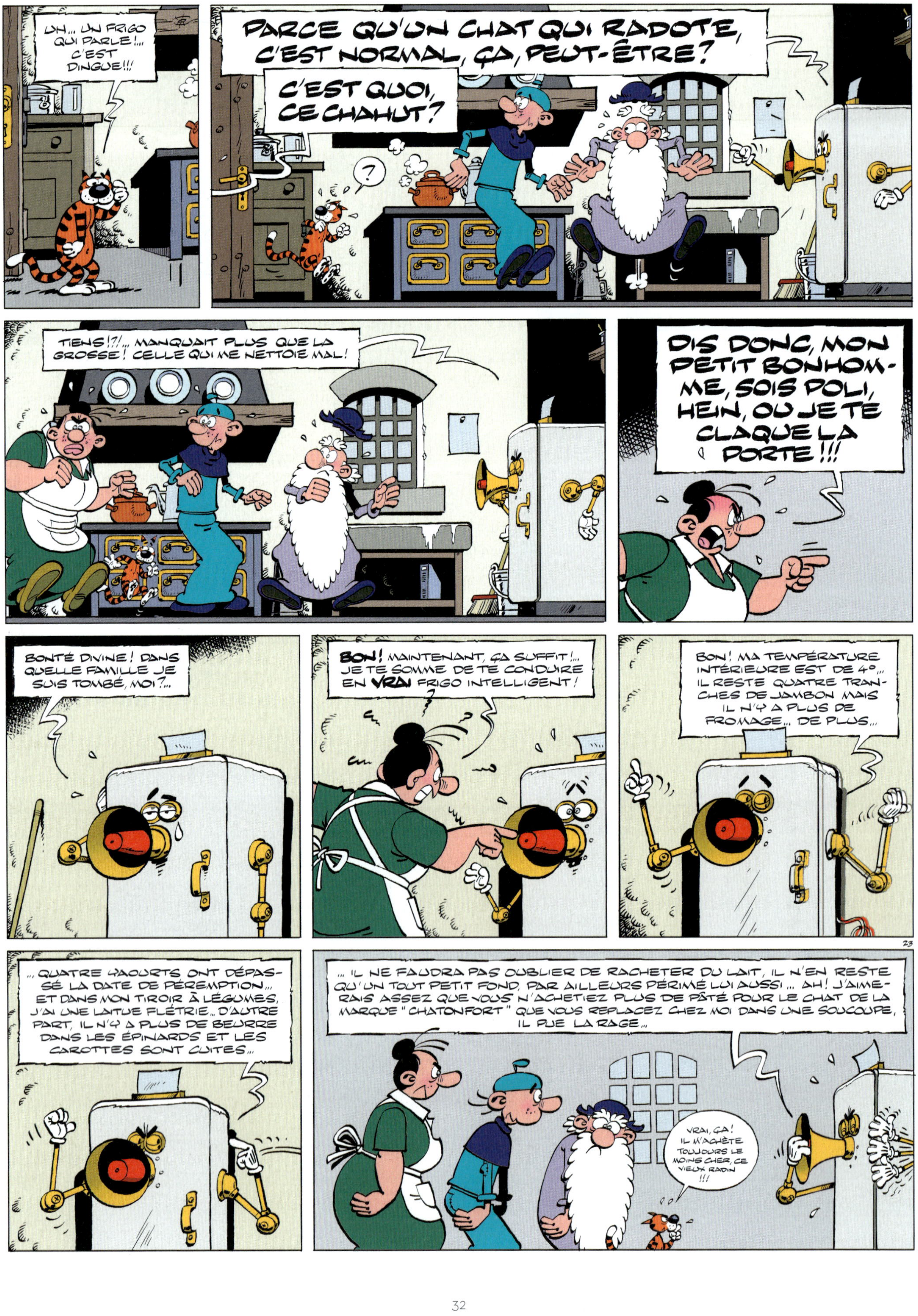
UH... UN FRIGO QUI PARLE!... C'EST DINGUE!!!
PARCE QU'UN CHAT QUI RADOTE, C'EST NORMAL, ÇA, PEUT-ÊTRE?
C'EST QUOI, CE CHAHUT?
?
TIENS!?!... MANQUAIT PLUS QUE LA GROSSE! CELLE QUI ME NETTOIE MAL!
DIS DONC, MON PETIT BONHOMME, SOIS POLI, HEIN, OU JE TE CLAQUE LA PORTE!!!
BONTÉ DIVINE! DANS QUELLE FAMILLE JE SUIS TOMBÉ, MOI?...
BON! MAINTENANT, ÇA SUFFIT!... JE TE SOMME DE TE CONDUIRE EN VRAI FRIGO INTELLIGENT!
BON! MA TEMPÉRATURE INTÉRIEURE EST DE 4°... IL RESTE QUATRE TRANCHES DE JAMBON MAIS IL N'Y A PLUS DE FROMAGE... DE PLUS...
...QUATRE YAOURTS ONT DÉPASSÉ LA DATE DE PÉREMPTION... ET DANS MON TIROIR À LÉGUMES, J'AI UNE LAITUE FLÉTRIE... D'AUTRE PART, IL N'Y A PLUS DE BEURRE DANS LES ÉPINARDS ET LES CAROTTES SONT CUITES...
...IL NE FAUDRA PAS OUBLIER DE RACHETER DU LAIT, IL N'EN RESTE QU'UN TOUT PETIT FOND, PAR AILLEURS PÉRIMÉ LUI AUSSI... AH! J'AIMERAIS ASSEZ QUE VOUS N'ACHETIEZ PLUS DE PÂTÉ POUR LE CHAT DE LA MARQUE "CHATONFORT" QUE VOUS REPLACEZ CHEZ MOI DANS UNE SOUCOUPE, IL PUE LA RAGE...
VRAI, ÇA! IL M'ACHÈTE TOUJOURS LE MOINS CHER, CE VIEUX RADIN!!!

BON !... C'EST PAS TOUT, ÇA... MAIS L'HEURE AVANCE ET...
?
?
?
?
SILENCE ! J'AI PAS FINI !
IL ME FAUDRA AUSSI DU "FRIGONET" EN AÉROSOL. LE PRODUIT D'ENTRETIEN QU'EMPLOIE MATHURINE ME DONNE DES GLAÇONS !...
AVEC "FRIGONET", ON PULVÉRISE, ON ATTEND QUELQUES MINUTES PUIS ON FROTTE AVEC UN CHIFFON DOUX ET MON INTÉRIEUR DEVIENT NET, DÉBARRASSÉ DE TOUS LES GERMES, MICROBES ET AUTRES BACTÉRIES, SCINTILLANT COMME UNE ÉTOILE...
MAIS... ÇA N'EXISTE PAS, UN TEL PRODUIT !...
M'EN FICHE ! LE VIEUX BARBU N'A QU'À L'INVENTER !... AH !... J'ALLAIS OUBLIER QUELQUE CHOSE...
...QU'IL SE GROUILLE !
24
BON, D'ACCORD, MAIS ÇA, ON S'EN OCCUPERA PLUS TARD ! POUR LE MOMENT, JE DOIS PRENDRE CERTAINS ALIMENTS POUR PRÉPARER LE REPAS ET...
ALORS LÀ, JE DIS...
STOP !

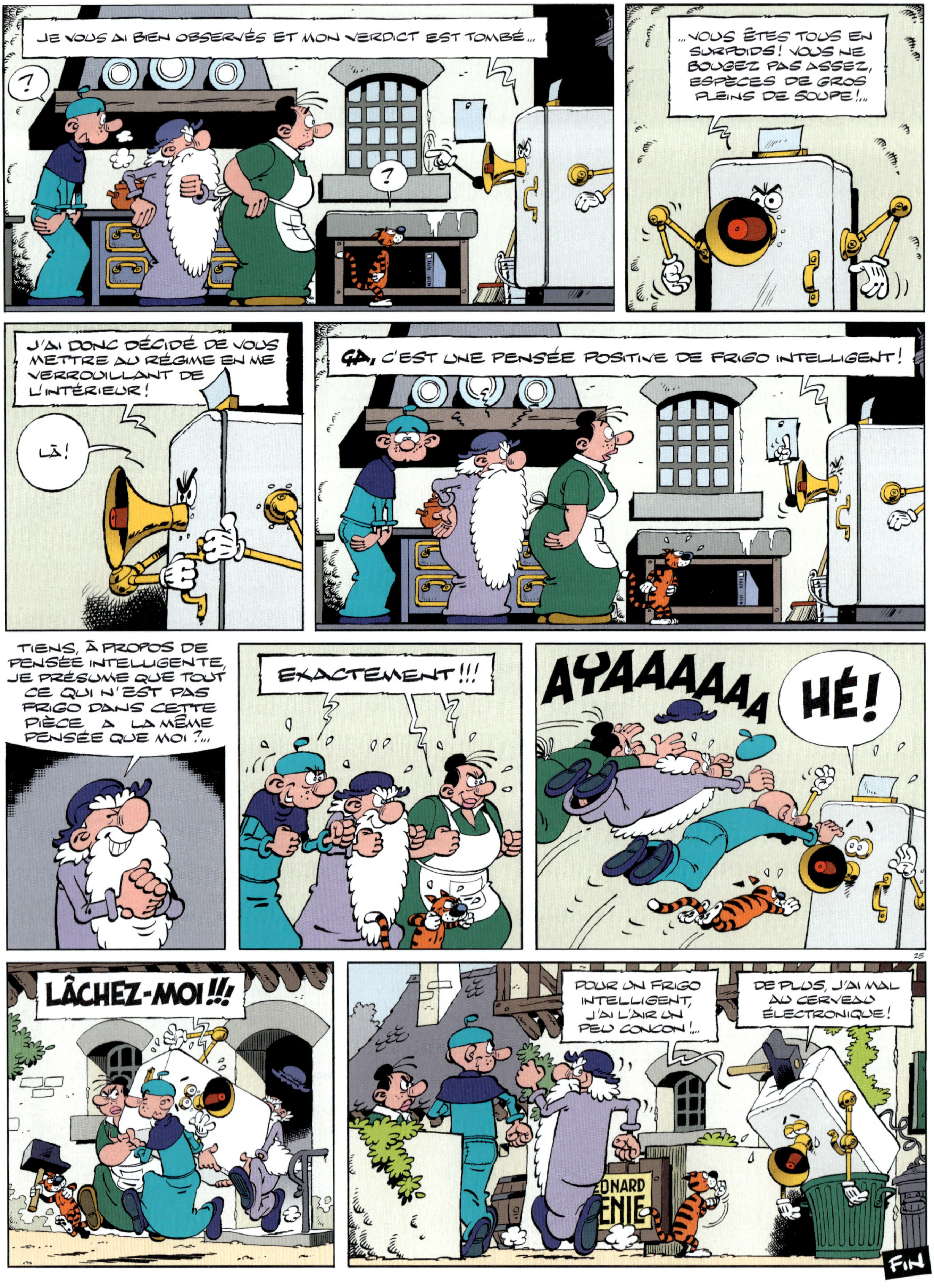
JE VOUS AI BIEN OBSERVÉS ET MON VERDICT EST TOMBÉ...
?
?
...VOUS ÊTES TOUS EN SURPOIDS ! VOUS NE BOUGEZ PAS ASSEZ, ESPÈCES DE GROS PLEINS DE SOUPE !...
J'AI DONC DÉCIDÉ DE VOUS METTRE AU RÉGIME EN ME VERROUILLANT DE L'INTÉRIEUR !
LÀ !
ÇA, C'EST UNE PENSÉE POSITIVE DE FRIGO INTELLIGENT !
TIENS, À PROPOS DE PENSÉE INTELLIGENTE, JE PRÉSUME QUE TOUT CE QUI N'EST PAS FRIGO DANS CETTE PIÈCE A LA MÊME PENSÉE QUE MOI ?...
EXACTEMENT !!!
AYAAAAAAA
HÉ !
LÂCHEZ-MOI !!!
POUR UN FRIGO INTELLIGENT, J'AI L'AIR UN PEU CONCON !...
DE PLUS, J'AI MAL AU CERVEAU ÉLECTRONIQUE !
FIN

Complètement marteau

Cool !

ICI CE SERA PARFAIT !
ALLONS-Y !
PTUI !
BING
BING BING
BANG
BING
AÏEUH
ET COMMENT JE POUVAIS LE SAVOIR, MOI, QUE VOUS FAISIEZ LA SIESTE JUSTE LÀ OÙ JE CREUSAIS !...
ET RENDEZ-MOI MA PIOCHE, J'AI PAS FINI !
SNIF !
JE PEUX SAVOIR CE QUE VOUS FAITES QUAND VOUS NE ME DÉFONCEZ PAS LE CRÂNE À COUPS DE PIOCHE ?...
JE TRANSFORME LA MAISON AFIN DE LUI ADJOINDRE UNE VITRINE...
UNE VITRINE ?!! MAIS POUR QUOI FAIRE SI JE NE SUIS PAS AUDACIEUSEMENT INDISCRET ?
VOUS ALLEZ EXPOSER L'INVENTION DU TROU NORMAND ?
DISCIPLE !
...
...NE ME POUSSEZ PAS À BOUT ALORS QUE J'ESSAIE D'ÉCONOMISER LA MITRAILLE DE MON TROMBLON !
ÇA C'EST DU BEAU TROU !...
ET JE M'Y CONNAIS, EN TROUS !
CETTE VITRINE SERVIRA PARFAITEMENT MA DERNIÈRE INVENTION !...

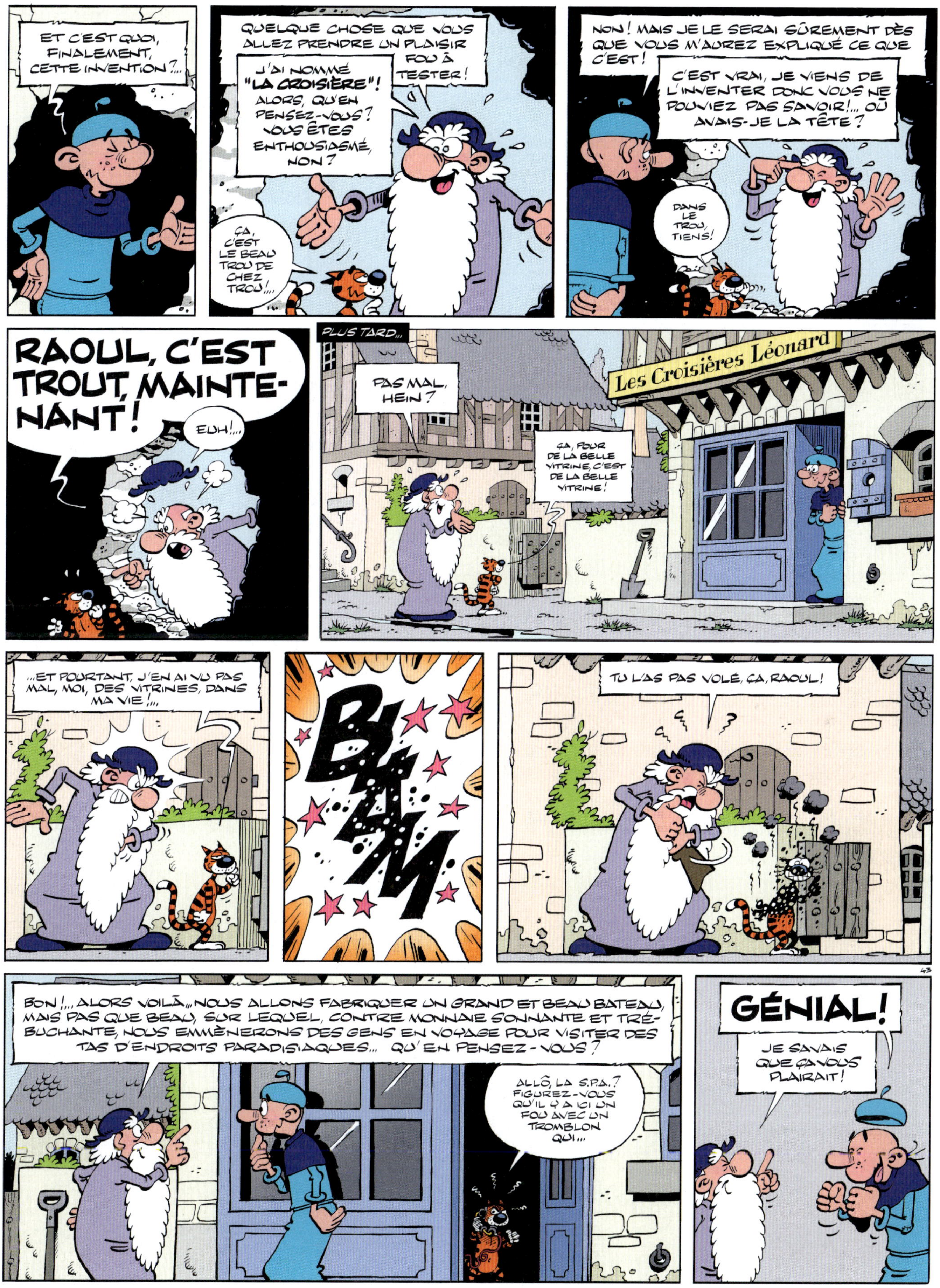
ET C'EST QUOI, FINALEMENT, CETTE INVENTION ?...
QUELQUE CHOSE QUE VOUS ALLEZ PRENDRE UN PLAISIR FOU À TESTER !
J'AI NOMMÉ "LA CROISIÈRE" ! ALORS, QU'EN PENSEZ-VOUS ? VOUS ÊTES ENTHOUSIASMÉ, NON ?
ÇA, C'EST LE BEAU TROU DE CHEZ TROU !...
NON ! MAIS JE LE SERAI SÛREMENT DÈS QUE VOUS M'AUREZ EXPLIQUÉ CE QUE C'EST !
C'EST VRAI, JE VIENS DE L'INVENTER DONC VOUS NE POUVIEZ PAS SAVOIR !... OÙ AVAIS-JE LA TÊTE ?
DANS LE TROU, TIENS !
RAOUL, C'EST TROUT, MAINTE-NANT !
EUH !...
PLUS TARD...
Les Croisières Léonard
PAS MAL, HEIN ?
ÇA, POUR DE LA BELLE VITRINE, C'EST DE LA BELLE VITRINE !
...ET POURTANT, J'EN AI VU PAS MAL, MOI, DES VITRINES, DANS MA VIE !...
BLAM
TU L'AS PAS VOLÉ, ÇA, RAOUL !
BON !... ALORS VOILÀ... NOUS ALLONS FABRIQUER UN GRAND ET BEAU BATEAU, MAIS PAS QUE BEAU, SUR LEQUEL, CONTRE MONNAIE SONNANTE ET TRÉBUCHANTE, NOUS EMMÈNERONS DES GENS EN VOYAGE POUR VISITER DES TAS D'ENDROITS PARADISIAQUES... QU'EN PENSEZ-VOUS ?
ALLÔ, LA S.P.A. ? FIGUREZ-VOUS QU'IL Y A ICI UN FOU AVEC UN TROMBLON QUI...
GÉNIAL !
JE SAVAIS QUE ÇA VOUS PLAIRAIT !

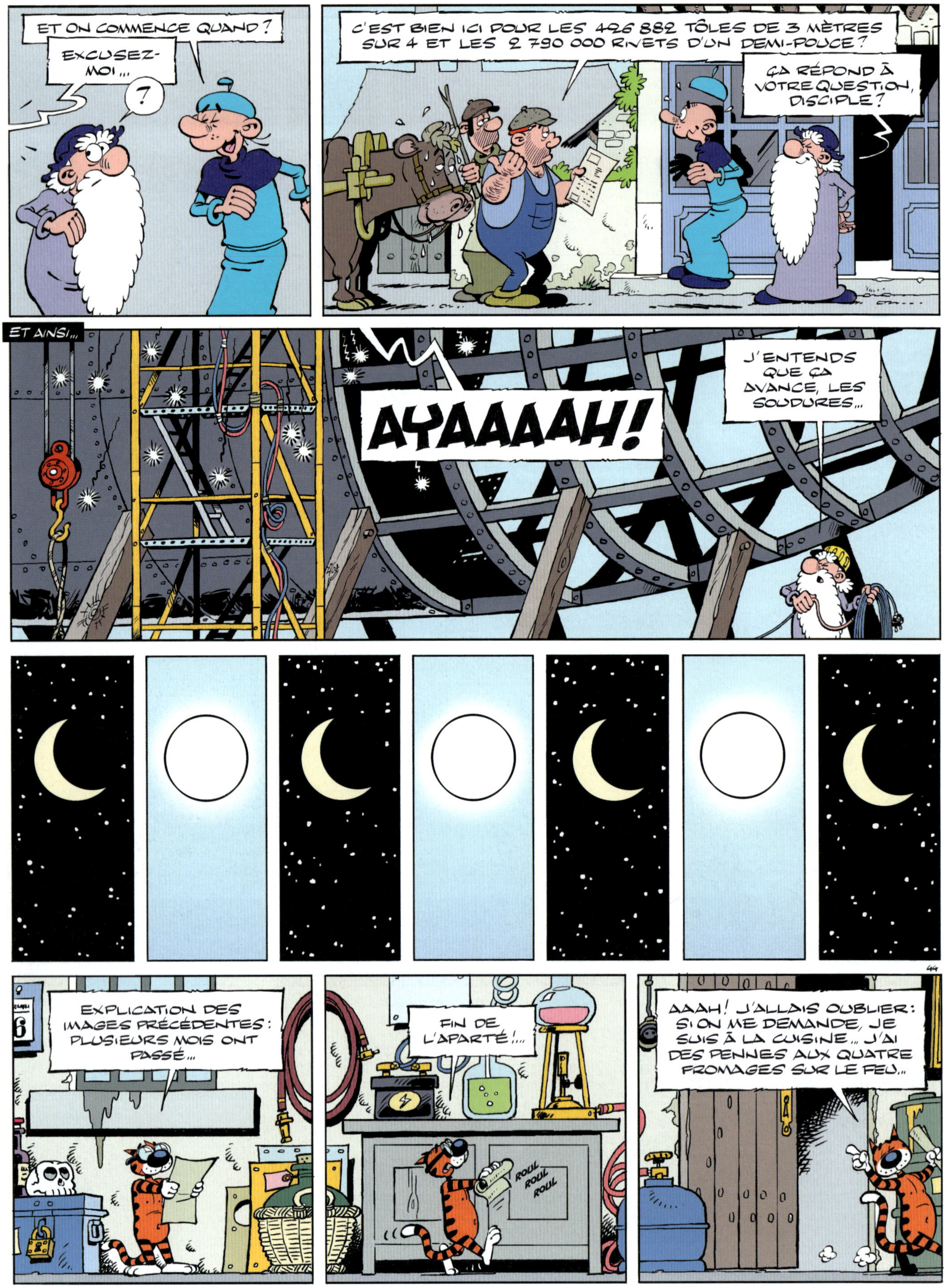
ET ON COMMENCE QUAND ?
EXCUSEZ-MOI...
?
C'EST BIEN ICI POUR LES 426 882 TÔLES DE 3 MÈTRES SUR 4 ET LES 2 790 000 RIVETS D'UN DEMI-POUCE ?
ÇA RÉPOND À VOTRE QUESTION, DISCIPLE ?
ET AINSI...
AYAAAAH !
J'ENTENDS QUE ÇA AVANCE, LES SOUDURES...
EXPLICATION DES IMAGES PRÉCÉDENTES : PLUSIEURS MOIS ONT PASSÉ...
FIN DE L'APARTÉ !...
ROUL ROUL ROUL
AAAH ! J'ALLAIS OUBLIER : SI ON ME DEMANDE, JE SUIS À LA CUISINE... J'AI DES PENNES AUX QUATRE FROMAGES SUR LE FEU...

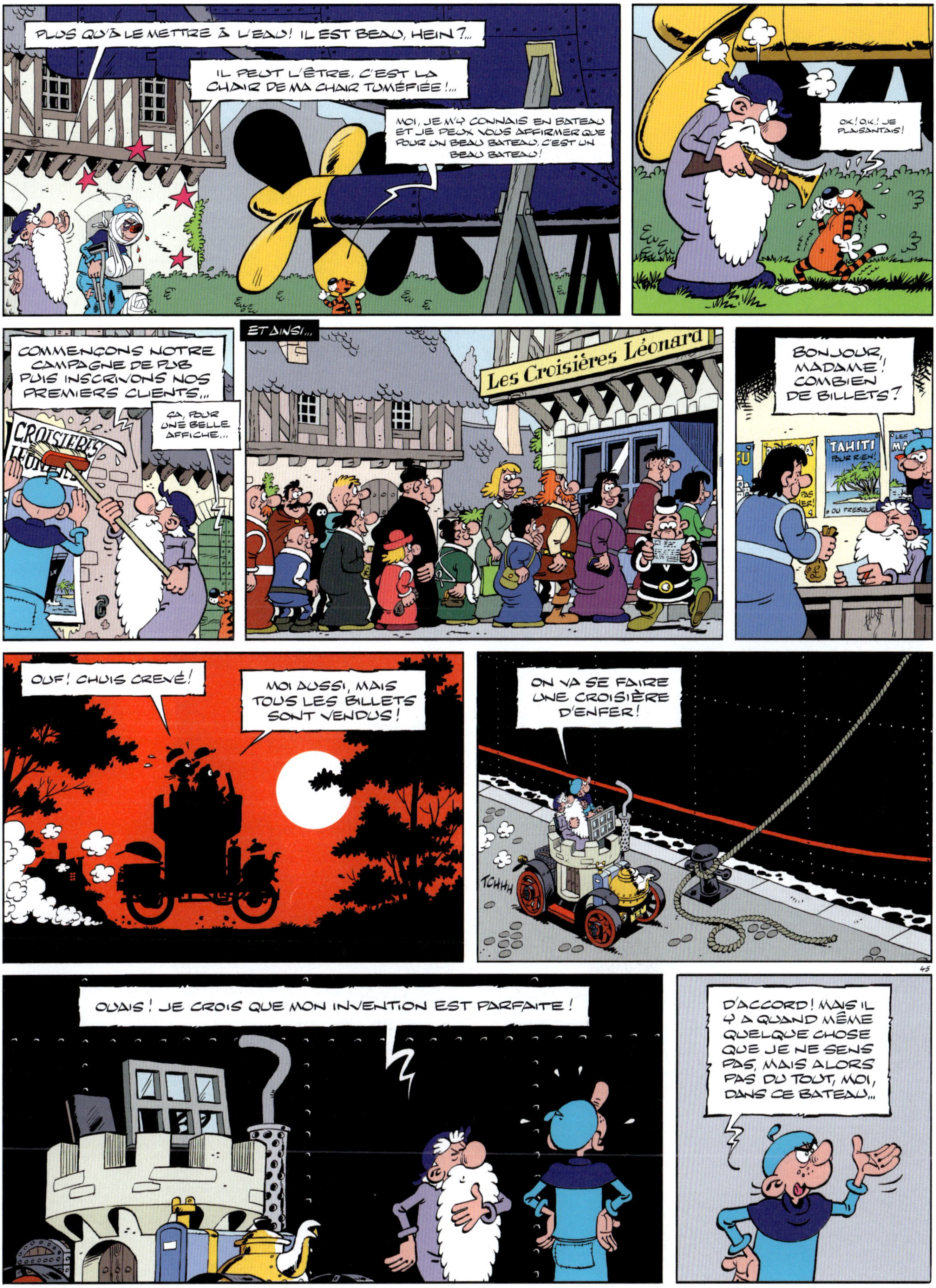
PLUS QU'À LE METTRE À L'EAU ! IL EST BEAU, HEIN ?...
IL PEUT L'ÊTRE, C'EST LA CHAIR DE MA CHAIR TUMÉFIÉE !...
MOI, JE M'Y CONNAIS EN BATEAU ET JE PEUX VOUS AFFIRMER QUE POUR UN BEAU BATEAU, C'EST UN BEAU BATEAU !
O.K. ! O.K. ! JE PLAISANTAIS !
COMMENÇONS NOTRE CAMPAGNE DE PUB PUIS INSCRIVONS NOS PREMIERS CLIENTS...
ÇA, POUR UNE BELLE AFFICHE...
ET AINSI...
Les Croisières Léonard
BONJOUR, MADAME ! COMBIEN DE BILLETS ?
TAHITI
POUR RIEN !
OU PRESQUE
OUF ! CHUIS CREVÉ !
MOI AUSSI, MAIS TOUS LES BILLETS SONT VENDUS !
ON VA SE FAIRE UNE CROISIÈRE D'ENFER !
TCHHH
OUAIS ! JE CROIS QUE MON INVENTION EST PARFAITE !
D'ACCORD ! MAIS IL Y A QUAND MÊME QUELQUE CHOSE QUE JE NE SENS PAS, MAIS ALORS PAS DU TOUT, MOI, DANS CE BATEAU...

TITANIC
...C'EST SON NOM !...
FIN
DE GROOT & TURK

Un pour tousse, tousse pour un

L'heure des braves !

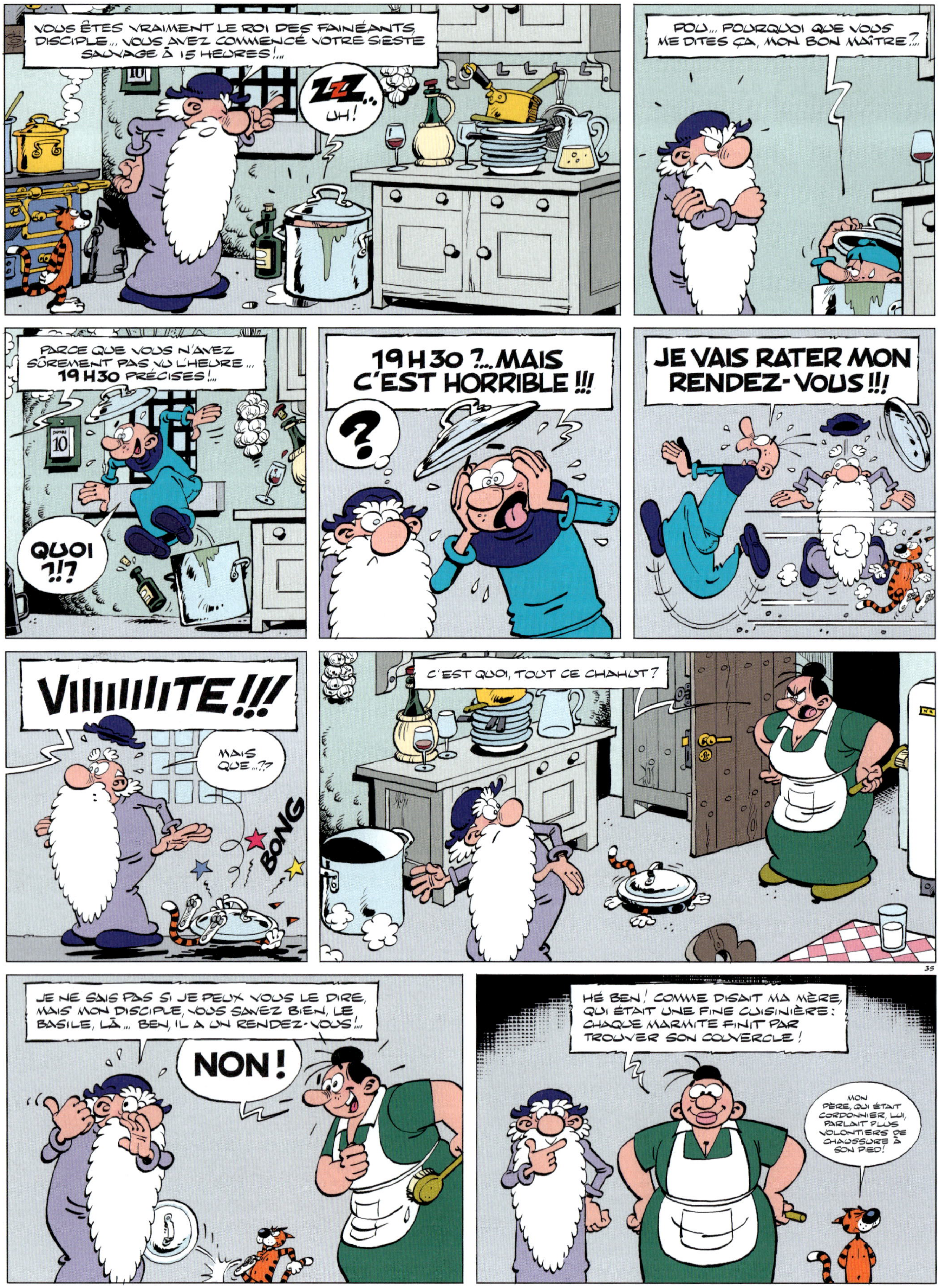

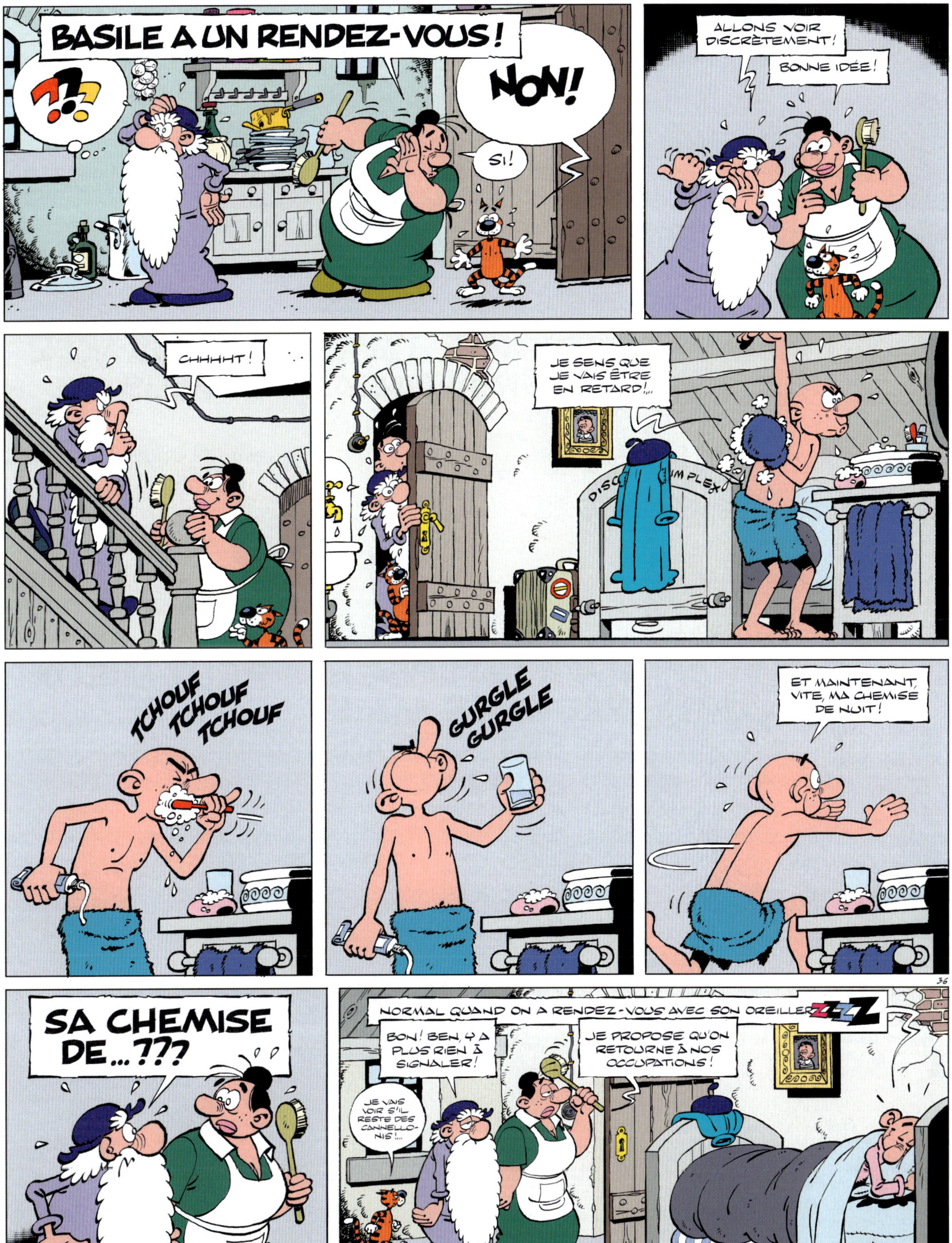

BASILE A UN RENDEZ-VOUS !
NON!
SI!
ALLONS VOIR DISCRÈTEMENT!
BONNE IDÉE!
CHHHHT!
JE SENS QUE JE VAIS ÊTRE EN RETARD!...
TCHOUF TCHOUF TCHOUF
GURGLE GURGLE
ET MAINTENANT, VITE, MA CHEMISE DE NUIT!
SA CHEMISE DE...???
NORMAL QUAND ON A RENDEZ-VOUS AVEC SON OREILLER
ZZZ
BON! BEN, Y A PLUS RIEN À SIGNALER!
JE PROPOSE QU'ON RETOURNE À NOS OCCUPATIONS!
JE VAIS VOIR S'IL RESTE DES CANNELLONIS!...
FIN

Un trésor de génie II. Le retour !

C'EST PAS TRÈS GENTIL... PAS GENTIL DU TOUT, MÊME !...
JE NE SUIS PAS LÀ POUR ÊTRE GENTIL, JE SUIS LÀ POUR INVENTER !...
...COMME VOUS N'ÊTES PAS LÀ POUR VOUS PLAINDRE MAIS POUR M'AIDER !
JE SAIS PAS CE QU'IL A AUJOURD'HUI, MAIS IL EXAGÈRE... IL ME FAUT AGIR...
...VITE !
DEMAIN, C'EST MON JOUR DE REPOS ANNUEL... JE VAIS EN PROFITER POUR LUI CONCOCTER UN REMÈDE POUR SOIGNER SA "GROGNONNERIE" !
VIEUX MACHIN, VA !
ET AINSI...
100 GRAMMES D'ANTI-RONCHON PILÉ AVEC L'OMBRE D'UN SOURIRE... 50 CENTILITRES DE PETIT CÂLIN. À ÇA, IL FAUT AJOUTER 500 GRAMMES DE GROS BISOUS... HA... NE PAS OUBLIER 5 TRANCHES DE FRANCHE RIGOLADE... FAIRE CHAUFFER PENDANT 20 MINUTES À FEU DOUX ET SERVIR SANS AGITER !...
ÇA ME DONNE FAIM, TOUT ÇA !
ME RÉCHAUFFERAIS BIEN UNE TITE LASAGNE, TIENS, MOI !...
PETITES RECETTES DE DERRIÈRE LES FAGOTS
MAÎTRE, JE VOUS AI PRÉPARÉ VOTRE PETIT-DÉJEUNER POUR QUE VOUS PUISSIEZ CONTINUER AVEC COURAGE VOTRE QUÊTE DE CRÉATION !
C'EST PAS TROP TÔT !
GLOUB !

ET JE PEUX SAVOIR POURQUOI VOUS N'ÊTES PAS AU TRAVAIL?
MAÎTRE, ÇA FAIT MAINTENANT PLUS DE CINQ ANS QUE VOUS M'AVEZ ACCORDÉ UN JOUR DE CONGÉ ANNUEL...
GRANDS DIEUX! J'AVAIS COMPLÈTEMENT OUBLIÉ CETTE FAIBLESSE DE MA PART...
J'AVAIS BU!
JE VAIS ANNULER CE JOUR DÉDIÉ À VOTRE PARESSE!
EH NON, MAÎTRE, IMPOSSIBLE! VOUS M'AVEZ SIGNÉ UN PAPIER...
...QUI STIPULE QUE SI VOUS ME SUPPRIMEZ CE JOUR DE CONGÉ, VOUS VOUS ENGAGEZ À ME PAYER LES VINGT ANS DE SALAIRE QUE VOUS ME DEVEZ, MAJORÉS D'UN SOLIDE INTÉRÊT!
BON!... EUH... MERCI POUR LE PETIT REMONTANT ET PROFITEZ BIEN DE VOTRE JOUR "ANNUEL" DE CONGÉ, VILAIN FILOU...
ET ALORS?!? MON REMÈDE, IL AGIT VERS QUELLE HEURE?
TROMP
TROMP
PARCE QUE DE-MAIN, C'EST FINI POUR UN AN, VOTRE CONGÉ ANNUEL, LÀ! ET...
39
...ET JE LE REGRETTE INFINIMENT PARCE QUE VOUS ÊTES SI GENTIL!...
OUF! ÇA MARCHE... HÉHÉ!
...JE NE SERAIS RIEN SANS VOUS!... VOUS ÊTES LE MEILLEUR DISCIPLE QUE LA TERRE AIT PORTÉ... VOUS ÊTES LE PLUS GRAND, LE PLUS BEAU, LE PLUS INTELLIGENT, LE...
RON RON RON RON... ENCORE, ENCORE...

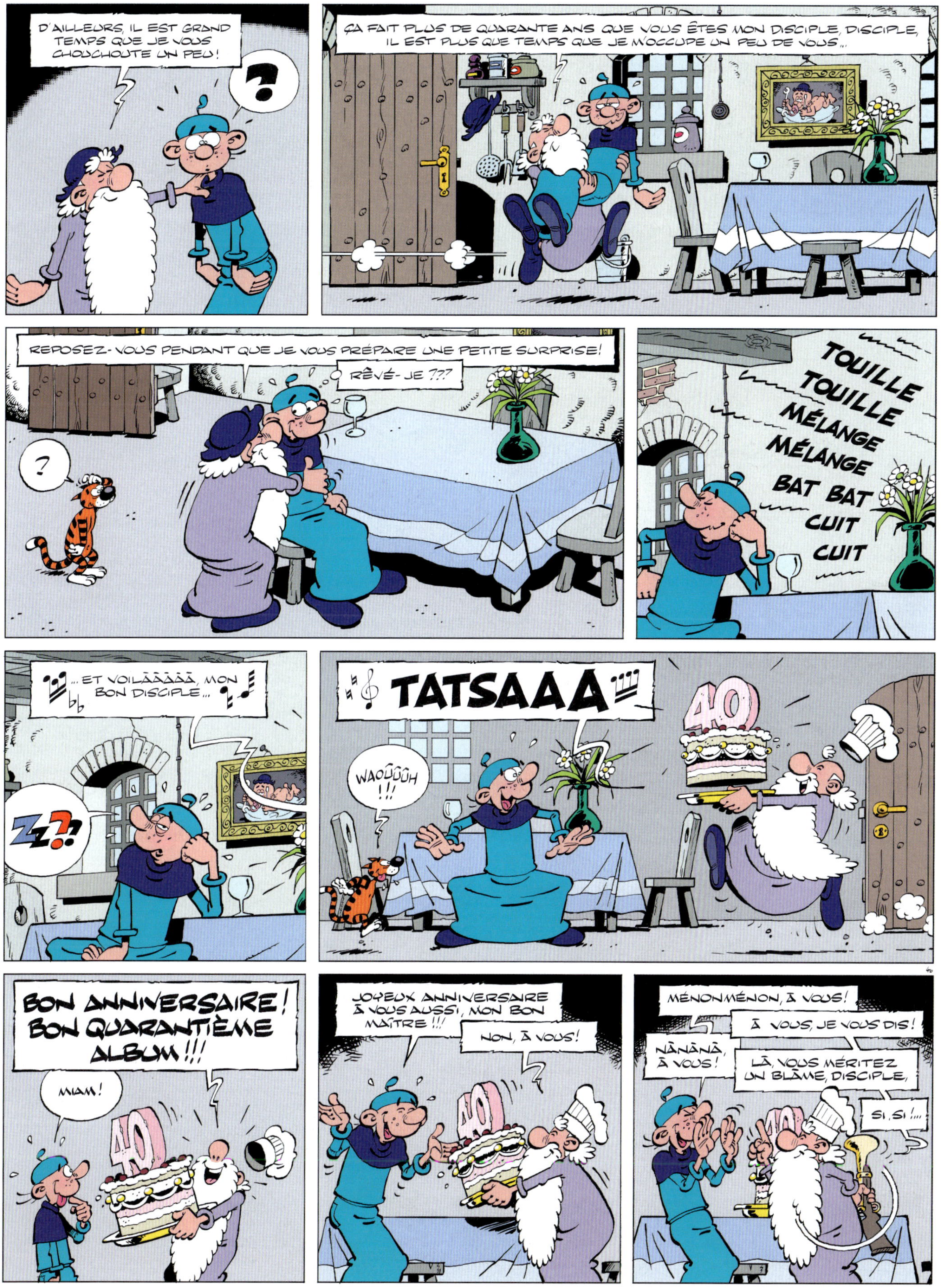

D'AILLEURS, IL EST GRAND TEMPS QUE JE VOUS CHOUCHOUTE UN PEU !
?
ÇA FAIT PLUS DE QUARANTE ANS QUE VOUS ÊTES MON DISCIPLE, DISCIPLE, IL EST PLUS QUE TEMPS QUE JE M'OCCUPE UN PEU DE VOUS...
REPOSEZ-VOUS PENDANT QUE JE VOUS PRÉPARE UNE PETITE SURPRISE !
RÊVÉ-JE ???
?
TOUILLE TOUILLE
MÉLANGE MÉLANGE
BAT BAT
CUIT CUIT
... ET VOILÀÀÀÀÀ, MON BON DISCIPLE...
Z
TATSAAA
WAOÛÛÛH !!!
BON ANNIVERSAIRE ! BON QUARANTIÈME ALBUM !!!
MIAM !
JOYEUX ANNIVERSAIRE À VOUS AUSSI, MON BON MAÎTRE !!!
NON, À VOUS !
MÉNONMÉNON, À VOUS !
À VOUS, JE VOUS DIS !
NÂNÂNÂ, À VOUS !
LÀ, VOUS MÉRITEZ UN BLÂME, DISCIPLE,
SI, SI !...

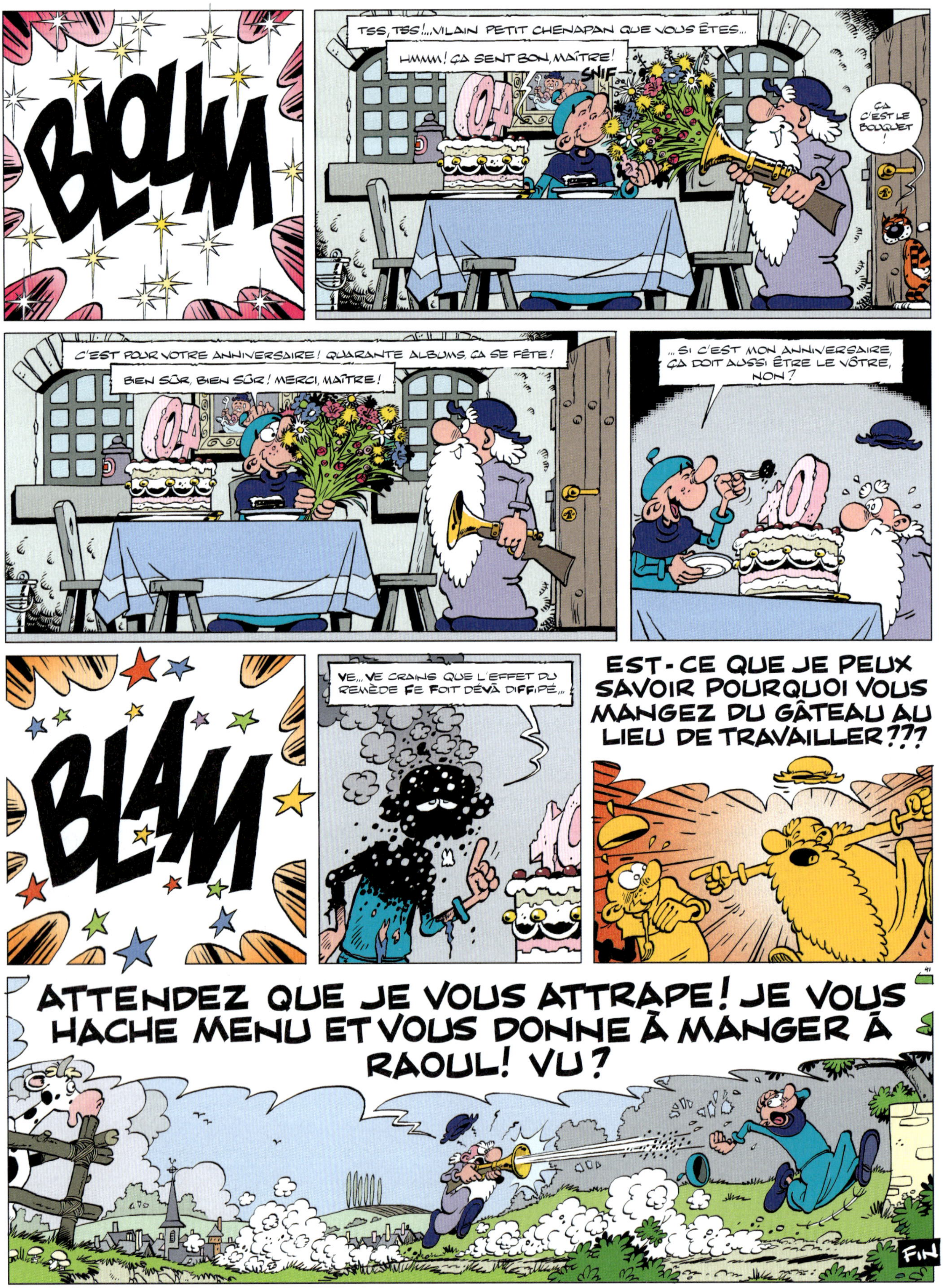
BLOUM
TSS, TSS !... VILAIN PETIT CHENAPAN QUE VOUS ÊTES...
HMMM ! ÇA SENT BON, MAÎTRE !
SNIF
ÇA C'EST LE BOUQUET !
C'EST POUR VOTRE ANNIVERSAIRE ! QUARANTE ALBUMS, ÇA SE FÊTE !
BIEN SÛR, BIEN SÛR ! MERCI, MAÎTRE !
... SI C'EST MON ANNIVERSAIRE, ÇA DOIT AUSSI ÊTRE LE VÔTRE, NON ?
BLAM
VE... VE CRAINS QUE L'EFFET DU REMÈDE FE FOIT DÉVÀ DIFFIPÉ...
EST-CE QUE JE PEUX SAVOIR POURQUOI VOUS MANGEZ DU GÂTEAU AU LIEU DE TRAVAILLER ???
ATTENDEZ QUE JE VOUS ATTRAPE ! JE VOUS HACHE MENU ET VOUS DONNE À MANGER À RAOUL ! VU ?
FIN